CW00806655

MÉLANCOLIE FRANÇAISE

ÉRIC ZEMMOUR

Mélancolie française

FAYARD/DENOËL

Pour Mylène

CHAPITRE PREMIER

Rome

La France n'est pas en Europe ; elle est l'Europe. La France réunit tous les caractères physiques, géologiques, botaniques, climatiques de l'Europe. Elle est, écrivait il y a plus d'un siècle le géographe Vidal de La Blache, le seul pays à la fois du Nord et du Midi, de l'Est et de l'Ouest :

« Tandis que le paysan du Roussillon et de la Provence lutte contre une sècheresse africaine, celui de la Bretagne vit dans l'air humide qui baigne l'Angleterre et y conforme ses cultures et ses goûts. "S'il pleut chaque jour, dit-il, c'est trop ; s'il ne pleut que tous les deux jours, ce n'est pas assez." Et comme l'Anglais, il souffre quand s'établissent les vents secs de l'est. Mais dans l'intérieur, le climat de nos plaines peut être regardé comme le climat moyen de l'Europe. »

La France est le jardin de l'Europe. Par la vallée du Rhône, la France s'ouvre sur l'Italie ; par celles de la Moselle et du Rhin, nous sommes en Allemagne. Le

Roussillon est espagnol, la Provence est un amas composite de cités grecques et de municipes romains ; la Lorraine est une miniature de l'Empire germanique, où Français et Allemands sont intimement mêlés. Toulouse est une Rome à moitié réussie ; au Capitole, les archives de la ville étaient gardées dans une armoire de fer, comme les flammes romaines. La Normandie est une autre Angleterre ; nichée au cœur du plateau des deux Sèvres, qu'on appelait la Petite Hollande, La Rochelle se crut une Amsterdam dont Coligny eût été le Guillaume d'Orange, avant que Richelieu ne l'assiégeât et l'abattît ; le plat pays du nord de la France est le même que celui d'Ypres, de Gand et de Bruges. La langue bretonne est de la famille celte comme le gaélique irlandais. Et quant au Basque qui a vu, dit Michelet, toutes les nations passer devant lui, il ne se soucie même plus de savoir de quand il date.

Trop de talents, trop de richesses, trop de ressources. Trop de choix. Trop d'hommes, d'idées, de raffinements. Ce fut peut-être au final le malheur de la France. L'Angleterre n'avait que la mer ; l'Allemagne, seulement le continent. Nous sommes le seul pays d'Europe à la fois continental et maritime. Cette situation « fait depuis le XVIᵉ siècle et même avant (croisades...) le grand drame permanent de l'histoire française : la France pourra-t-elle mener de front la politique continentale que lui impose sa situation en Europe, et la politique maritime et coloniale qu'appelle sa façade maritime ? [...] Le Français sera-t-il un marin et un terrien à la fois ? » (Yves Renouard, *Leçons sur l'unité et la civilisation françaises.*)

La France n'est pas en Europe ; elle est l'Europe. Ce fut longtemps sa force, c'est désormais sa faiblesse. Son destin était de rassembler l'Europe continentale ; l'avenir radieux qu'on lui présente est de constituer un Texas ou une Californie des États-Unis d'Europe. Les partisans de l'Europe d'aujourd'hui citent complaisamment le fameux et flamboyant exorde de Victor Hugo : « Un jour viendra où la guerre paraîtra aussi absurde et sera aussi impossible entre Paris et Londres, entre Pétersbourg et Berlin, entre Vienne et Turin, qu'elle serait impossible et qu'elle paraîtrait absurde aujourd'hui entre Rouen et Amiens, entre Boston et Philadelphie. Un jour viendra où vous France, vous Russie, vous Italie, vous Angleterre, vous Allemagne [...], vous vous fondrez étroitement dans une unité supérieure, et vous constituerez la fraternité européenne [...]. » Ils oublient seulement de préciser que l'Europe de Victor Hugo a pour capitale Paris ; la langue de cette Europe ne peut être que ce français qu'il aime tant et manie avec génie ; c'est le pendant lyrique et romantique de l'Europe française sous la botte de Napoléon.

Dans l'esprit de l'Empereur, Paris devait être la nouvelle Rome. Il y lança donc d'immenses travaux dont les plans furent scrupuleusement suivis par tous les régimes successifs et aboutirent avec le baron Haussmann. Napoléon avait prévu la construction d'innombrables palais pour recevoir tous les souverains d'Europe qui se réuniraient à Paris dans une sorte de grand Sénat sous la domination bienveillante et civilisatrice de la France. Quand Paris est envahi en 1814, que les cosaques font boire leurs chevaux dans la fontaine de la place de la Concorde, Chateaubriand évoque incontinent la prise de Rome par les barbares.

L'assimilation de notre pays à l'Empire romain paraît incongrue à nos contemporains, voire ridicule. Nous préférons depuis plus d'un siècle nous référer à nos « ancêtres les Gaulois ». Sur le mode savant au XIXᵉ siècle, parodique aujourd'hui. La « grande nation » française porta pourtant longtemps la haute ambition de donner la « paix romaine » à l'Europe. Ses héritiers ne veulent plus le savoir. Ils l'ignorent ou en ont honte. S'identifient désormais au « petit village gaulois qui résiste encore et toujours à l'envahisseur ». Moqueur et gouailleur. Irréductible, mais acceptant finalement sa soumission au maître admiré autant que brocardé. Le maître d'un Empire qui nous paraît lointain, étranger.

La conquête de la Gaule par Jules César transforma pourtant l'Empire romain radicalement, le décentra vers le nord, lui ouvrit d'autres horizons maritimes que la *Mare nostrum*, le conduisit jusqu'aux îles Britanniques. Ainsi débuta son face-à-face séculaire avec les Germains, entre confrontation, assimilation, fascination. Le destin de la France était donc inscrit dans ce basculement vers le ord, dans cette rencontre prometteuse entre deux mondes, dans cet équilibre instable et fécond entre le Nord et le Sud, entre la fureur et l'ordre, entre la force et la loi, entre droit coutumier et droit écrit, entre langue d'oïl et langue d'oc, entre la famille sous l'autorité du *pater familias* et la tribu germanique plus égalitaire, mais proche encore des solidarités claniques.

La France serait cette synthèse toujours au bord de la rupture, ce rassemblement toujours défait, ce produit de la volonté politique, cette rencontre inespérée de l'histoire et de la géographie, cette nostalgie d'empire, d'unité, et de grandeur. Cet improbable « agrégat de peuples désunis » qui aurait pu – aurait dû – rester dans les limbes de l'histoire, mais s'avéra le vainqueur inattendu des deux autres ensembles politiques initialement dotés de bien meilleurs atouts.

Un royaume franco-anglais d'abord, avec la Manche comme lac intérieur, de l'Écosse aux Pyrénées, dont les deux pôles Londres et Bordeaux mettaient en branle une formidable dynamique marchande et maritime, la première puissance de l'Atlantique bien avant le Royaume-Uni et les États-Unis, le royaume rêvé et forgé par Henri Plantagenêt, très sérieusement envisagé pendant tout le Moyen Âge, enjeu tardif et déjà suranné de la guerre de Cent Ans, et dont l'écho mélancolique perce encore dans l'offre mirobolante d'union des deux pays par Churchill le 10 juin 1940.

Un royaume d'Aragon ensuite, empire méditerranéen qui serait allé de l'Èbre aux Alpes, aurait attiré à lui ce comté de Toulouse, si proche géographiquement et de l'Aragon et de la Catalogne, uni culturellement par la langue d'oc.

Le sort se joua en deux coups de dés successifs. À la bataille de Muret, en 1213, la victoire de Simon de Montfort sur les Albigeois assura la domination du roi de Paris sur le comté de Toulouse ; en 1214, à la bataille de Bouvines, Philippe Auguste réglait son compte à la coalition qui l'assaillait, et ruinait l'empire anglo-français en gestation.

Cet ensemble français du hasard et de la nécessité était issu de la matrice romaine et ne rêvait que d'y revenir.

« Entre le bassin de Paris et celui de Londres, entre la Lorraine et la Souabe, les différences sont moindres, au point de vue géographique, qu'entre ces contrées et nos provinces méditerranéennes. Que néanmoins cette combinaison l'ait emporté, c'est un indice de développement précoce, de participation très ancienne à la vie générale qui avait alors pour foyer la Méditerranée » (Vidal de La Blache).

L'Empire, c'est la paix. Près de quatre siècles sans guerre, ce territoire conquis par Jules César ne connaîtra plus jamais une période si longue de paix. De quoi oublier et pardonner la féroce répression qui suivit la défaite de Vercingétorix, les massacres, l'esclavage, les spoliations des meilleures terres.

Et retenir à tout jamais les leçons dispensées par le colonisateur, ainsi que le conte le général de Gaulle, dans sa célèbre ouverture de *La France et son armée* :

« La France fut faite à coups d'épée. Nos pères entrèrent dans l'histoire avec le glaive de Brennus. La fureur des Gaulois s'était brisée contre l'art des légions. En jetant ses armes aux pieds de César, Vercingétorix entendait, certes, parer d'un sombre éclat le deuil de l'indépendance. Peut-être voulait-il aussi que cet hommage désespéré servît à sa race d'immortelle leçon. Le vainqueur se chargea, du reste, de développer l'enseignement, et tandis que, pendant cinq cents ans, Rome imprimait dans nos lois, nos mœurs, notre langue, comme dans nos monuments, routes et travaux d'aménagement, la marque de la règle et de l'autorité, elle révélait à vingt générations l'esprit de la puissance militaire. De là, l'idéal ou la nostalgie d'un État centralisé et d'une armée régulière, idéal que les Barbares n'effacèrent point et qui survécut aux vicissitudes. »

Les Gallo-Romains découvrirent cependant un jour que les empires sont mortels. Leur disparition entraîne destructions, massacres, pillages, misère, épidémies. Invasions à répétition. Ultime leçon des maîtres romains qu'ils n'oublieront pas.

Ils ne furent pas les seuls. Dans la mémoire collective du continent européen, la chute de l'Empire est sans doute plus pregnante que l'Empire lui-même. Une inexpugnable nostalgie pour l'unité originelle survécut à toutes les allégeances postérieures pourtant si glorieuses. De même, si les Juifs doivent sans doute leur destin exceptionnel à l'exil, ils ont toujours gardé Jérusalem au cœur.

Les candidats à la réunification furent nombreux. Ce fut le trop-plein. La religion et la politique débordèrent l'histoire et la géographie. Le pape s'affirma l'héritier d'une Rome chrétienne et universelle ; les « barbares allemands » qui avaient passé le limes et détruit l'Empire voulurent en profiter pour unifier tout le continent eurasien. Même Moscou touché tardivement par le christianisme s'autoproclama troisième Rome.

Le barbare franc sera à la fois le plus modeste et le plus ambitieux. C'était un parvenu qui avait de la suite dans les idées : « Il s'avance, nouveau Constantin, vers la piscine pour se guérir de la maladie d'une vieille lèpre et pour effacer avec une eau fraîche les sales taches faites anciennement. Lorsqu'il y fut entré pour le baptême, le saint de Dieu – l'évêque Rémi de Reims – l'interpella d'une voix

éloquente : "Dépose humblement tes colliers Sicambre !
Adore ce que tu as brûlé, brûle ce que tu as adoré !" »

De ce récit écrit plusieurs siècles après l'événement
par Hincmar, le successeur de Rémi à Reims, la postérité
a retenu la formule flamboyante et impérieuse adressée
au fier Sicambre. Je noterai plutôt la référence sous
forme d'évidence à Rome et au premier empereur chris-
tianisé : Constantin.

L'ambitieux chef franc, nommé par Rome en pleine
décadence gouverneur de la Belgique seconde, porta tout
de suite ses yeux vers le sommet. Remplacer ses anciens
patrons, devenir empereur romain, le nouveau Constantin, fut son immédiat credo. Il s'installa dans ce palais de
la Cité qu'avait habité l'un des derniers grands empereurs
romains du IVe siècle, Julien l'Apostat, au cœur de sa chère
Lutèce où ses soldats l'avaient hissé sur le pavois impérial.

Avec un sens politique admirable, Clovis prit sans
coup férir les seules décisions politiques qui lui donnèrent une avance décisive sur ses rivaux barbares :
s'appuyer sur la dernière institution solide dans un uni-
vers en déliquescence, l'Église ; s'allier à la bourgeoisie
gallo-romaine grâce à la victoire de Vouillé de 507 sur les
Wisigoths ; appliquer le droit romain écrit, alors que ses
collègues barbares demeuraient adeptes de la tradition
juridique orale. Un sans-faute. D'emblée, Clovis imposait
à la France, et à ses rois, un objectif historique unique :
devenir le nouvel Empire romain.

Avec Charlemagne, empereur d'Occident, sacré à
Rome par le pape, on crut toucher au but. Le nouveau
Constantin n'était autre que le petit-fils du dernier maire
du palais des héritiers de Clovis. Son sceau représentait à

son revers les portes de Rome, sur lesquelles était inscrit : « Renovatio Romani Imperii ». Comme Clovis, Charlemagne prit le nom d'Auguste.

Entre les deux hommes, presque trois siècles avaient passé ; le contexte géostratégique avait été bouleversé par l'irruption des cavaliers musulmans au sud de la Méditerranée, jusqu'au sud de l'Espagne. Le rêve de reconstitution de l'Empire romain ne pouvait plus se réaliser à l'identique. Rome n'était plus dans Rome, s'exilait dans les froidures d'Aix-la-Chapelle ; l'héritier chrétien de l'Empire d'Occident était décentré, décalage qui n'était pas sans rappeler celui déjà produit après la conquête de la Gaule par Jules César. Mais peu importe la géographie, pourvu qu'on ait la culture. Cette « renaissance » carolingienne s'opéra par un retour aux sources antiques, comme le montre Sylvain Gouguenheim, dans son livre *Aristote au mont Saint-Michel*, décrivant un Charlemagne et ses élites laïques et religieuses assoiffés de textes grecs et latins. Mais les luttes fratricides entre les héritiers de l'Empereur à la barbe fleurie détruisirent cette magnifique restauration impériale, et le désastreux traité de Verdun de 843 posa pour plus de mille ans une mortelle question : Qui des trois petits-fils, et des fils de leurs fils, rétablirait l'unité de l'Empire, ceindrait la couronne d'empereur d'Occident ? Le Français, l'Allemand ou le Lotharingien, l'homme des capitales (Rome, Aix-la-Chapelle) et des Alpes ?

Cette question d'Occident – bien plus essentielle que la fameuse question d'Orient qui tarauda les chancelleries européennes de la fin du XIXe siècle – restera sans réponse pendant plus de mille ans. Elle causera guerres, massacres, conquêtes, désolations, génocides. Elle est l'alpha et l'oméga de notre histoire. On croit l'avoir réglée aujourd'hui. L'arrogance naïve des modernes est sans limites.

Tel Sisyphe, le Capétien dut reprendre la tâche aux commencements. Ou presque. Il sera vite repéré, élu, par des grands juristes, venus du sud, des universités de Montpellier, imprégnés de droit romain, qui, désespérant de trouver le successeur de leur César bien-aimé, jetèrent leur dévolu sur le petit Capétien. Tous les Flotte, Nogaret et autres lui enseigneront au fil des siècles les règles d'or de l'imperium romain. Ils traduisirent l'antique : « La loi le veut » par : « Le roi le veut. » Leur champion mis sur le pavois fut mythiquement rattaché à la dynastie davidique, peut-être en raison de son combat contre Goliath. Il y avait en effet un décalage énorme entre la projection fantasmée par les juristes venus du sud et la puissance réelle du roitelet d'île-de-France. Peu importe. Ces lettrés inventèrent un christianisme gallican qui rejetait les prétentions politiques du pape ; l'un d'entre eux se rendit célèbre par le soufflet qu'il assena au souverain pontife avant de traîner son successeur dans sa prison dorée avignonnaise. Les prêtres dans leurs homélies et les scribes dans leurs écrits conférèrent la dignité impériale romaine au vainqueur de Bouvines : Philippe II devint Auguste. Lorsque, dans les dernières années de ce grandiose XIIIᵉ siècle français, les juristes de Philippe le Bel rédigèrent la lettre *Antequam essent clerici*, ils posèrent que le pouvoir laïc était à la fois extérieur et antérieur au pouvoir de l'Église et du pape. Alors, si on croit, avec Gibbon et son célèbre « Déclin et chute de l'Empire romain », que le christianisme fut la cause et l'agent principaux de la désintégration de l'Empire romain, celui-ci prenait une revanche éclatante par l'intermédiaire des légistes français. Pourtant, les moines s'allièrent à eux pour enseigner au roitelet que la France devait s'étendre jusqu'aux limites des trois Gaules de Jules César. La France est ainsi l'éternelle alliance de ceux qui croyaient au ciel et ceux qui n'y croyaient pas. Mais il ne faut pas se méprendre : la foi chrétienne portée par les fils de Saint-Louis, guérisseur miraculeux d'écrouelles, unifiera pendant des siècles cet ensemble hétéroclite de fiefs moyenâgeux, liés entre eux par l'allégeance féodale au roi. Dès l'origine, cette monarchie fragile craindra la férocité arrogante des grands seigneurs ; elle cherchera l'alliance d'une bourgeoisie lettrée qui forgera sa grandeur avec des pièces conservées de la Rome antique tandis que la monarchie consolidée fera sa fortune.

Dans un petit bijou passé inaperçu à sa parution, *Cette France qu'on oublie d'aimer*, Andreï Makine évoquait la figure du grand historien russe Klutchevski qui, comparant les conditions de la naissance des civilisations française et russe, explique que les « Français ont pris l'Antiquité comme un creuset bouillonnant de formes à imiter, allant de l'organisation d'une cité jusqu'à l'organisation stylistique d'un texte ». En d'autres termes, la civilisation française conserva les formes romaines pour permettre aux peuples barbares d'assimiler l'héritage gréco-romain. Méthode originale et toute conceptuelle, qui demande de s'imprégner des vestiges matériels qu'on trouve à foison en Gaule, routes, ponts, théâtres, arènes,

temples, mais aussi rues, places, fontaines, et encore
textes littéraires ou philosophiques, grecs et latins. « Cette
imitation des formes antiques devint, un jour, l'essence
même de la francité naissante. Et son histoire culturelle
répéta, dans ses phases, cette quête initiale. D'où tous ses
retours à la source gréco-romaine, toutes ses renais-
sances : carolingienne, puis celle du XVIᵉ siècle, plus tard
les rétrospectives classiques. Corneille, mieux que qui-
conque, a exprimé cette originelle référence de la francité :
    » "Si vous n'êtes romain, soyez digne de l'être." »
    Quand les héritiers rivaux privilégièrent la religion ou
l'expansion territoriale, la France choisit l'État et la
culture. Ce choix culturel, « gramscien » – Gramsci, ce
révolutionnaire du XIXᵉ siècle, fondateur du parti communiste italien, qui affirma que la victoire politique passait
d'abord par la conquête culturelle des esprits –, détermina
notre pays à jamais. Il explique – mais on y reviendra –
notre manière unique d'assimiler les étrangers, à la mode
romaine, à la fois hautaine et égalitaire. Il programme
notre façon de « coloniser » les territoires un à un assem-
blés, après qu'ils eurent été conquis par des légions rigou-
reusement ordonnées, puis, par l'impressionnant rouleau
compresseur : routes-villes-blé-vin-langue. Il justifie le
choix paradoxal du bleu, couleur mariale pacifique
comme emblème capétien, quand tous les grands rois de
l'époque, l'anglais ou le germanique, préféraient le rouge
sang du guerrier. Il éclaire notre fameuse autant
qu'incomprise « exception culturelle ». Il fait fi des siècles.
Il donne du temps au temps. Cette célèbre formule mit-
terrandienne s'applique parfaitement au projet capétien
qui s'ordonne en siècles et non en années. Ce choix paraît

incompréhensible à notre époque qui raisonne en jours, voire en secondes ; et trouble notre regard, qui confond lenteur et immobilisme, conquête très progressive d'un « empire » avec défense frileuse du pré carré.

On prétend souvent – à droite comme à gauche, chez les monarchistes maurrassiens comme chez les républicains héritiers des Jacobins – que la France a inventé la nation irréductible à l'empire, qui se rattache encore, lui, au rêve de « monarchie universelle ». Certes, la centralisation française, la digestion lente de territoires conquis peu à peu, la défense vigoureuse par le roi et ses serviteurs de l'intérêt général, semblent construire un ensemble national cohérent et fort, qui s'oppose à l'ensemble baroque du Saint Empire romain germanique, aux territoires épars, aux régimes juridiques et politiques hétéroclites. Pourtant, cette vision me semble anachronique. Le roi de France était l'adversaire de l'empereur, pas de l'Empire. François Ier fut candidat à la couronne du Saint Empire romain germanique – chaque mot compte ; et seul l'argent des Fugger, qui acheta nombre de roitelets allemands, donna les clefs de l'élection à Charles-Quint. Face aux prétentions du pape, le roi se voulait « empereur en son royaume ». Là aussi, chaque mot compte. On a vu que les juristes méditerranéens, héritiers de l'imperium romain, jusqu'à leur modèle abouti de Jean Bodin, ne s'embarrassèrent guère des libertés grecques ou de Sénat à la romaine. La souveraineté avant les libertés. Le choix français parut longtemps ridicule et présomptueux. Le pape imposait sa sacralité de chef des croyants ; l'empereur allemand, l'immensité de ses territoires continentaux ; et le soudard anglais mordait à pleines dents dans les terres grasses du Nord et de l'Aquitaine. « On ne détruit que ce qu'on remplace », dira un jour Danton. Longtemps, je crus que l'homme du 10-Août avait dit : « On ne remplace que ce qu'on détruit. » Jusqu'à ce qu'un ami m'expliquât mon erreur. Je n'avais pas tout à fait tort. Ma formule était plus efficace, mais moins subtile. Il nous fallut mille ans pour détruire ce qu'on voulait remplacer, le pape et l'empereur. Le pape, donc, d'un soufflet de Guillaume de Nogaret, et d'un obstiné et sourcilleux gallicanisme. L'empereur, de plusieurs siècles de guerres, de victoires, de défaites, de ruses, de mariages, d'échecs, de complots, d'assassinats. Audace et prudence. Trois pas en avant, deux pas en arrière. Franciser les terres qu'on annexerait plus tard. Annexer des terres qu'on franciserait plus tard. Tout cela nécessitait patience et longueur de temps. Nous fûmes d'abord obsédés par la ligne nord-sud, comme pour retrouver au plus vite notre matrice méditerranéenne. C'était aussi notre axe commercial, de la Provence vers l'Angleterre ; toutes les foires du Moyen Âge, Beaucaire, Lyon, Troyes, Chalon, Paris, Arras sont sur cette route. La vallée de la Garonne fut annexée à la France en 1271, celle du Rhône en 1453. Les limites des Pyrénées et des Alpes furent donc atteintes. Restait le Rhin. Nous n'y parvînmes qu'avec Henri IV et Richelieu. La victoire du Grand Condé sur les Espagnols à Rocroi signa la passation des pouvoirs entre les Habsbourg et les Capétiens.

Dans une pièce de théâtre, sans doute écrite par Riche-lieu – en tout cas inspirée et commandée par le Cardinal –, opportunément exhumée par Jean-Christian Petitfils dans sa dernière livraison sur le roi Louis XIII, une belle jeune fille, nommé Europe, est ardemment courtisée par un matamore arborant une fraise superbe, nommé Ibère, mais elle lui préfère un Francion, vêtu à l'antique (à la romaine, donc) un coq gaulois sur son casque, qui lui susurre :

« Ibère est-il bien constant ? Il voit la nymphe Afrique,
Il court la belle Indie, il possède Amérique :
Puis il veut vous avoir ; rien ne peut l'assouvir
Pour moi je ne prétends que l'heur de vous servir. »

Ibère multiplie les manœuvres, cherchant à conquérir Ausonie (l'Italie). Francion, agissant autant par générosité que par légitime défense, vole au secours de celle-ci. Ibère se tourne alors vers Germanique, au casque à deux aigles, qui refuse elle aussi de se laisser duper, lui préférant le brave Francion parce qu'il est :

« Sans intérêt, sans orgueil, sans malice.
Son cœur franc veut la paix, sans fard, sans artifice. »

Et Francion, qui ne prétend à « ni conquête ni bien », d'apporter finalement à tous la paix, y compris à Ibère, qui est aussi « de son sang ».

Et Petitfils de conclure : « La pièce est intéressante en ce qu'elle livre une vision globale de la politique étrangère du Cardinal, notamment son projet de concorde européenne placée sous la tutelle française. »

À l'époque, seuls des esprits originaux et visionnaires incitent le roi Louis XIII à reconstituer l'empire de Charlemagne. Le concept de « frontières naturelles » n'est pas dans le vocabulaire du grand cardinal, qui se contente, une fois récupérées l'Artois, les Flandres ou la Franche-Comté, de son « système de portes », sur l'Italie et sur l'Allemagne. Mais ce n'est que partie remise. Les Valois se sont englués en Italie ; les Bourbons dirigent leurs yeux et leurs troupes vers l'Allemagne. Pourtant, lors de la crise de Mantoue, en 1628, Louis XIII prouva qu'il ne renonçait pas au rêve italien de ses prédécesseurs. Et, aux confins même de la mort, il refusa opiniâtrement de lâcher la moindre de ses conquêtes, loin du geste chevaleresque de Saint-Louis rendant des territoires pour obtenir la paix.

La monarchie française s'était rêvée en lointain descendant du roi David. Dans son combat contre le Goliath impérial, sa fronde salvatrice s'appellera le protestantisme. L'irruption de la religion réformée crèverait en effet le seul lien de l'empire des Habsbourg, conduirait un Charles Quint découragé vers une retraite monacale, ravagerait l'Allemagne dans une guerre de Trente Ans, où périt la moitié de sa population. Richelieu trouverait dans ces princes protestants, Allemands et Suédois, des alliés fidèles et valeureux. Le royaume de France avait, lui aussi, manqué périr dans les flammes de la guerre des religions. Mais le clan des « politiques » autour d'Henri IV avait fini par trouver une solution d'avenir : le pluralisme religieux. Non sans tâtonnements, tergiversations, brouillons, revirements, Henri IV annonce la séparation de la religion et de l'État. L'édit de Nantes (1598) instaurait une sorte de cohabitation ordonnée : à chacun ses villes, ses places fortes, ses temples, où on pratiquait sa religion à l'abri des regards, des insultes et des menaces de l'autre. Une paix armée. Mais la règle d'or était fixée : la religion doit s'incliner devant le politique ; le sacré doit céder le pas devant la paix civile. Une « invention » inouïe : la loi de Dieu doit se soumettre à la loi des hommes. Les Français n'en étaient pas à leur première transgression : après la claque de Guillaume de Nogaret, il y avait eu l'alliance de François Ier avec le musulman Soliman. Richelieu – un homme d'Église pourtant – ne fera pas autrement – pis ? – en s'abouchant avec ces « prétendus réformés » suédois ou allemands.

La France, d'instinct, retrouvait ses vieux réflexes romains, d'avant le christianisme, qui acceptaient tous les dieux des peuples conquis à condition qu'ils respectassent l'autorité de Rome et de son empereur. Mais la liberté religieuse impliquait le refus absolu des enclaves autonomes qui voudraient imposer leur loi sur une partie du territoire : les Romains appelaient « *imperium in imperio* » ce que les Français traduisirent par « État dans l'État ».

C'est le paradoxe français. Pour instaurer cette « paix des braves » religieuse, et la liberté confessionnelle, il fallut passer par le renforcement de l'autorité royale. Seule une « monarchie absolue » avec son faste impérieux, et sa machinerie administrative naissante, pouvait imposer aux adeptes des deux confessions le respect mutuel. La sacralisation de l'État et du politique s'avéra le remède français pour mieux désacraliser l'espace public et imposer la paix à des fois belliqueuses. On s'en rendit compte dès après la mort d'Henri IV. Mais le danger ne vint pas seulement d'où l'on a pris l'habitude aujourd'hui de regarder : les catholiques. Quelques années en effet après la signature de l'édit de Nantes (1598), les protestants se révélèrent volontiers intolérants, persécuteurs de catholiques ; fortifiant les places fortes qui leur avaient été réservées, ils rêvaient de s'ériger en République autonome à la hollandaise, levaient leurs impôts et leurs milices. À la même époque, la défenestration de Prague avait signé la sécession des États protestants de Bohême au sein de l'empire catholique des Habsbourg. L'assemblée de La Rochelle imitait en tous points l'exemple bohémien. Et, tandis que l'Allemagne se déchirait dans une guerre de Trente Ans, les protestants français ouvraient leur territoire à la marine britannique de Buckingham. Certes, Louis XIII et Richelieu sépareront toujours conflit d'État et guerre religieuse : mais le dynamisme idéologique de la contre-réforme catholique jouait en défaveur des protestants. L'alliance des princes protestants du Nord retint sans doute Louis XIII sur le chemin funeste que prit son fils ; mais le siège cruel et héroïque de La Rochelle (la population de la ville passa de vingt-huit mille à cinq mille habitants !) sonnait le glas du protestantisme en France. À cette époque, où se constituaient les États modernes, on n'imaginait pas encore sortir de l'épure unitaire « une foi, une loi, un roi ». Lorsque Louis XIV abolira l'édit de Nantes (1685), il s'alignera sur le reste de l'Europe. C'en était fini – provisoirement – de l'exception française.

La chute du bastion protestant de La Rochelle en 1628 avait signifié pour la France la fin des libertés municipales, des féodalités, bref, la fin du Moyen Âge, et l'entrée résolue dans la modernité de l'unité des nations et des États, alors que, partout en Europe, l'avènement du protestantisme avait marqué la naissance de la liberté et de l'économie de marché, bref de la modernité capitaliste, comme la rationalisera *a posteriori* Max Weber. Ce décalage français marquera notre pays, donnera à notre développement économique sa marque d'étatisme durable.

C'est le fameux « retard français » stigmatisé par nos élites depuis trente ans, qui se lamentent sur notre incapacité à sortir de la tutelle de l'État, avec d'autant plus de vigueur qu'elles ont été formées dans le sein scolaire de la fonction publique.

Le traité de Westphalie de 1648 donnait les clefs de l'Europe à la France. C'est alors que l'historien britannique Eric Hobsbawn situe la naissance d'une « Europe consciente d'elle-même ». Mazarin en fut l'accoucheur hors pair. Un maestro italien, une régente espagnole, un enfant-roi français. Empire romain en vue. Mille ans d'efforts. L'essentiel était fait. Le rôle de Louis XIV ? Finir le travail. Trois fois rien. Des détails. Le diable est dans les détails.

CHAPITRE 2

Carthage

Au moment où la France crut toucher au but, les règles du jeu changèrent. La quasi-simultanéité des dates est édifiante.

En 1648, le traité de Westphalie assurait la domination française sur l'Europe continentale.

En édictant son « Acte de navigation » en 1651, l'Angleterre se donnait les moyens de sa domination sur les mers.

À partir de 1648, la France de Richelieu et de Mazarin est la première puissance démographique, militaire, culturelle. Son État est un modèle pour tous les souverains européens. Louis XIV sera le père de tous les despotes éclairés du XVIIIe comme l'État-nation, né de la Révolution française, sera la mère de toutes les nations européennes continentales. Lorsque Pierre le Grand découvre Paris, en 1718, dans un voyage conté par Saint-Simon comme celui de l'ogre aux bottes de sept lieues de son contemporain Perrault, l'autocrate entreprend deux pèlerinages ; l'un chez Mme de Maintenon, qu'il n'hésite pas à visiter dans sa chambre, alors que, malade, la vieille relique bigote ne quitte plus son lit ; et de la toucher, de lui baiser les mains, comme une icône orthodoxe ; puis le géant russe se rend sur la tombe de Richelieu, et s'écrie : « Grand homme, je t'aurais donné la moitié de mon empire pour apprendre de toi à gouverner l'autre. »

La France a la vocation très consciente à partir de Louis XIV d'unifier l'Europe autour d'elle. Le mythe de la paix romaine nourrit la monarchie française à travers les tableaux, tapisseries, odes, poèmes, tragédies qui tissent une gloire qu'elle croit éternelle.

Par l'édit de navigation de 1651, l'Angleterre déclara que tout son trafic maritime serait strictement réservé à ses propres navires ; cette mesure provoqua la guerre avec la Hollande qui contrôlait alors une grande partie du trafic international et même du cabotage anglais. La Royal Navy vainquit. L'Angleterre s'arrogea alors le droit inouï de contrôler toutes les routes maritimes, bafouant « les droits maritimes les plus anciens, les plus essentiels et les plus incontestables ».

À partir de ce moment-là, tout le trafic anglais avec ses colonies ne put se faire que sur des navires anglais, avec équipages aux trois quarts anglais – et toutes les importations britanniques ne purent accoster les côtes anglaises que sur des navires battant pavillon anglais. Ce corset réglementaire et protectionniste est à l'origine de la puissance de l'Angleterre. Par son acte de navigation, l'Angleterre ne respectait pas la liberté des mers, et s'arrogeait le pouvoir de contrôler tout navire qui ne respectait pas la réglementation britannique.

Il a donc suffi de trois petites années pour que la nouvelle Rome ait trouvé sa Carthage. Celle-ci retourne bientôt l'antique imprécation : il faut détruire Rome. L'Angleterre commence en effet une nouvelle « guerre de Cent Ans » contre la France : sept guerres de 1689 à 1815 !

Si la découverte de l'Amérique avait changé le destin de l'Angleterre, la mettant au cœur du prometteur commerce transatlantique, les révolutions de 1648 et 1689 furent le préalable politique à sa mise en orbite économique. Reflétant successivement la République et la Monarchie absolue, les deux régimes français par excellence, l'Angleterre établit, plus d'un siècle avant la France, sa monarchie de Juillet. La branche cadette remplaça l'aînée des Stuart, et mit en place un régime parlementaire et aristocratique, où le roi règne mais ne gouverne pas, et où le suffrage censitaire protège les intérêts de « quinze cent cinquante mille égoïstes » (Talleyrand). L'épisode Cromwell permit à un « *establishment* » anglais ouvert de trouver dans la fureur divine de l'Ancien Testament la nécessaire bénédiction à ses prosaïques affaires. C'est le règne de la liberté qui s'instaure, à l'abri de la tutelle divine.

Tandis que les aristocrates anglais imposaient au roi une monarchie parlementaire, les frondeurs français échouaient et faisaient le lit d'un renforcement décisif de la monarchie absolue et centralisée. Cette défaite de la fronde française était inéluctable ; elle venait de loin. Sous Louis XIII déjà, de l'exécution de Chalais à celle

de Cinq-Mars, le couple impérieux Richelieu-Louis XIII
avait arrêté dans le sang le projet des grands du
royaume d'instaurer un régime à la fois féodal et libéral.

Ce destin français venait paradoxalement de la faiblesse initiale des Capétiens, petits nobliaux d'Île-
de-France qui cherchèrent des alliés au sein du tiers état,
des bourgeois que les monarques successifs ennoblirent ;
ils résistèrent de concert aux grands féodaux dont certains étaient plus puissants que le roi de France. Jamais,
lors de la Fronde, la jonction entre aristocratie d'épée et
noblesse de robe, les deux « classes sociales » rebellées
successivement contre le cardinal, ne se révéla assez
solide ni assez durable pour imposer à la monarchie un
régime à l'anglaise. Certes, l'habileté machiavélienne de
Mazarin divisa ses adversaires dans un tourbillon que
conte avec un art inoubliable le cardinal de Retz dans ses
Mémoires ; mais, plus profondément, cette alliance était
rendue impossible par le mur de mépris et de crainte
érigé par une noblesse féodale qui ne supportait pas,
depuis des siècles, l'ouverture de sa caste à la bourgeoisie de juristes et de financiers imposée par les rois
successifs.

En revanche, la monarchie anglaise, à l'issue de la
conquête normande, était suffisamment puissante pour
ne craindre aucun contre-pouvoir féodal. Au mitan du
XVIIe siècle, le roi d'Angleterre se trouva donc surpris et
désarmé face à l'alliance solide et ferme – que n'enta-
chait aucune inimitié – des deux aristocraties, d'épée et
d'argent, qui lui imposèrent une monarchie aristocratique.

En 1642, le roi Charles Ier entre au Parlement britannique, en compagnie de cinq hommes armés, pour réclamer l'arrestation de députés rebelles à la Couronne ;
mais le « speaker » refuse et ne plie pas aux injonctions
du monarque qui doit repartir bredouille. En 1661, le
jeune Louis XIV apparaît en tenue de chasse, bottes au
pied, et fouet à la main, devant les magistrats du parlement de Paris, pour leur imposer sa volonté lors d'un lit
de justice. Le XVIIe siècle avait scellé le destin français : la
France ne serait pas l'Angleterre.

Depuis lors, de Voltaire à Minc, en passant par Talleyrand, Guizot, nos élites libérales (ancienne et nouvelle
aristocratie mêlées) nous donnent les institutions
anglaises en modèle. Notre sort aurait été scellé le jour
où nous avons refusé cette monarchie constitutionnelle
qu'ils admirent, quand Louis XIV l'a vaincue, et Louis XV
l'a rejetée, que les monarchiens ont échoué en 1789, que
Charles X a perdu les habiletés matoises de son frère
Louis XVIII, que la monarchie de Juillet est tombée sous
les coups de la révolution de 1848, que la IIIe République
s'est perdue en 1940, que le général de Gaulle avait un
goût inconsidéré pour « le pouvoir personnel ».

Pourtant, dans son livre *Les Racines de la liberté*,
Jacques de Saint-Victor donne une clef juridico-
sociologique qui clôt à double tour cette anglicisation
dont ont rêvé tous ces bons esprits. En effet, les aristocrates anglais avaient tout pouvoir dans leurs comtés, là
où leurs homologues français furent, à partir du
XVIe siècle, concurrencés par le pouvoir royal, intendants
et autres, qui arbitraient au nom de l'intérêt général.
Quand, au XVIIIe siècle, les aristocrates anglais clôturèrent

les champs communaux à leur profit, sans tenir compte des protestations d'une valetaille paysanne précarisée depuis le Moyen Âge, habituée à se soumettre sans mot dire à la « volonté du seigneur » – les *gentlemen-farmers* changeaient à chaque génération de tenanciers –, les aristocrates français ne purent les imiter. Ils se heurtèrent à de multiples résistances, reculèrent devant des paysans assurés de l'hérédité de leurs tenures, et soutenus par les représentants du pouvoir central, juges et intendants royaux. Or, ce mouvement des enclosures fut à l'origine et du parlementarisme élitaire britannique et du développement industriel précoce de l'Angleterre, fondé sur les investissements des *gentlemen-farmers* anglais et de la masse de paysans prolétarisés, s'offrant pour un prix modique dans les nouvelles usines.

Le roi de France serait finalement emporté par cette houle égalitaire qu'il avait provoquée. Au XVIIIe siècle, les aristocrates, appuyés par les travaux de Boulainvilliers, puis de Montesquieu, contesteront la monarchie absolue capétienne au nom du droit de conquête des Francs sur des masses gauloises romanisées : « La liberté est née dans les forêts de Franconie », avait proclamé Montesquieu. D'abord surpris, rapidement débordés par le talent des chevau-légers aristocratiques et libéraux, les libellistes du roi finirent par rétorquer, par Mabillon et l'abbé Dubos, en faisant de la monarchie l'héritière de Rome, et la représentante de toute la nation. La monarchie, avocate de la « *res publica* » ! L'histoire de la France était parfaitement résumée dans cet apparent paradoxe. Mais les publicistes du roi n'osèrent pas aller au bout de leur logique « nationale » et « égalitaire »

contre les prétentions «fédéralistes» et «inégalitaires»
de leurs adversaires. Les historiens modernes donneront
plutôt raison aux obscurs Mabillon et Dubos contre les
brillants Montesquieu et Boulainvilliers : la monarchie
française est bien davantage l'héritière de l'Empire
romain que des tribus franques qui se sont partagé ses
dépouilles. En 1789, la contestation nobiliaire fera pourtant vaciller la monarchie, mais l'ébranlement se retour-
nera contre les aristocrates, lorsque la Révolution
reprendra à son compte la thématique royaliste, mais de
manière radicale. Sieyès proposera alors au tiers état de
« renvoyer dans les forêts de la Franconie toutes ces
familles qui conservent la folle prétention d'être issues
de la race des conquérants ».

Entre la France et l'Angleterre, les nouvelles Rome et
Carthage, entre la terre et la mer, on aurait pu envisager
un partage équitable. On ne l'aura jamais. Louis XIV et
Colbert armeront une marine puissante, qui dominera
parfois l'anglaise, ce qui permettra au Roi-Soleil de
conquérir le plus bel empire colonial que la France ait
jamais eu : Louisiane, Caraïbes, Indes. Les Anglais
n'auront de cesse que la France n'atteignît jamais ses
« limites naturelles » sur le continent. L'un des deux
devait céder ; ce sera la France.

C'est de cette histoire, de cet échec, de ce renoncement,
que nous ne nous remettons pas. Ce pays programmé
depuis mille ans pour donner la « paix romaine » à
l'Europe devait rentrer dans le rang. Cette blessure saigne
encore, même si on fait mine de ne pas voir le sang couler.

À la fin de son règne, Louis XIV tomba dans un piège
impossible à éviter. Il ne pouvait refuser l'héritage

espagnol pour son petit-fils, de peur d'être de nouveau pris en tenaille par le Habsbourg ; il ne pouvait non plus l'accepter, car il effraierait toute l'Europe, déjà travaillée depuis vingt ans par la propagande anglo-hollando-protestante qui brocardait le « roi du monde ». Dans les négociations qui précédèrent la guerre, on lui offrit une solution qu'il saisit sans hésiter : échanger Milan contre Madrid, la Gaule Cisalpine contre l'Espagne ; mais après une nuit d'intense méditation, le duc d'Anjou refusa de renoncer à son trône. Le roi absolu s'inclina devant le choix de Philippe V ; le grand-père céda au caprice de son petit-fils. Funeste faiblesse. Au-delà de la terrible guerre qui s'ensuivrait, des défaites, des famines, aggravées par le grand hiver de 1708-1709, la France avait manqué l'occasion unique de poursuivre son projet millénaire gallo-romain – après le Rhin, le Piémont – et d'accrocher une des terres les plus riches d'Europe, au moment où l'Espagne s'enfonçait dans un déclin d'où elle ne sortirait qu'à la fin du XXe siècle.

Les conséquences furent gigantesques. Au traité d'Utrecht en 1713, l'Angleterre – devenue le Royaume-Uni depuis son union avec l'Écosse en 1707 – se vit reconnaître la possession du rocher de Gibraltar ; ce pays du Nord et de l'Atlantique débouchait en Méditerranée, d'où il protégerait sa conquête indienne. La « mondialisation » anglaise était lancée. Avec les traités de 1713, la France prenait, sans le dire, sans même le savoir, sa place dans un système mondial organisé pour et par l'Angleterre, qu'on appellerait du mot charmant et enjôleur d'« équilibre européen ». Sa place, toute sa place, mais rien que sa place : plus la première. L'« équilibre euro-

péen » signifiait en effet que la France renonçait – au
nom de la paix – à son rêve historique : remplacer
l'Empire romain ; et que l'Europe continentale acceptait
sa marginalisation historique, politique et économique
dans une mondialisation maritime, marchande et financière de grande ampleur édifiée par le Royaume-Uni.
C'est l'époque où l'abbé de Saint-Pierre imaginait ce que
pourrait être une paix perpétuelle, par un congrès permanent de diplomates qui préfigurait l'ONU. Ce n'était
pas un hasard. Mondialisation marchande et « sécurité
collective » vont de pair. Réalités économiques du capitalisme naissant et poudre aux yeux pacifiste, tout était
déjà inscrit. La paix reposait en vérité sur l'accord entre
Londres et Versailles. La sujétion de Versailles à Londres.

Il n'est pas sûr que beaucoup de Français aient compris le sens réel du traité d'Utrecht – même Louis XIV. Le
vieux roi, autrefois si belliqueux, donnait une patine de
magnificence et même de morgue à ce renoncement historique d'envergure. Il inaugurait ainsi une tradition
française des défaites glorieuses. Il crut sans doute faire
la part des choses, dans l'état d'épuisement où se trouvait son royaume. Après tout, il avait sauvé le trône de
son petit-fils en Espagne, même s'il y avait toujours des
Pyrénées ; il ne serait pas Charles Quint, mais il y aurait
tout de même deux royaumes bourbons comme il y avait
deux royaumes habsbourg. Deux Empires romains. Sépa-
rations qui sentent déjà le déclin. Dans son ultime vision
stratégique, il recommanda la réconciliation avec
l'ennemi d'hier, qui fut réalisée par Louis XV en 1756 : il
comprenait qu'il n'avait plus les moyens de dominer seul
le continent européen. Triste coucher pour le Roi-Soleil.

Il avait connu – un siècle avant Napoléon – la désolation du cavalier dont les rênes ne répondent plus, quand le cheval, fourbu et las, n'en peut plus et s'effondre sous son cavalier.

La fin du règne de Louis XIV avait été travaillée par un mouvement pacifiste qu'on pourrait comparer à celui qui suivra la guerre de 1914-1918. Trop de morts et de souffrances. En 1712, acculé par les forces européennes coalisées qui ont pris Lille et menacent Paris, Louis XIV, comme un futur Danton, a sauvé son royaume par l'appel au peuple ; la victoire de Villars à Denain est sa « bataille de la Marne » ; mais les élites aristocratiques, dénonçant les misères inouïes du peuple et les révoltes paysannes, hurlent à la paix, comme de vulgaires anciens combattants de la der des der. Ce sont eux qui se battent, et meurent, ou reviennent éclopés, transformant Versailles en un hôpital de gueules et corps cassés. Pendant qu'ils meurent glorieusement, la noblesse de robe, ces anciens bourgeois tant méprisés, s'enrichit et les supplante à la cour. Inspirés par la pensée subtile de Fénelon, protégés par la bigote Maintenon, les pacifistes ont investi les appartements et la pensée du duc de Bourgogne, qui est dans la main de sa femme, la piquante princesse de Savoie, que Michelet soupçonne d'être l'agent de liaison de son père, le fourbe bien connu de l'Europe entière pour ne jamais finir un conflit dans le camp où il l'a commencé, prêt à tout pour sauver ses États piémontais, guignés depuis toujours par le roi français.

C'était une vieille histoire sans cesse recommencée.

Sous François Ier, comme sous Louis XIII, une opposition avait rassemblé autour de la reine mère (de Louise

de Savoie à Catherine de Médicis, jusqu'à Anne
d'Autriche) les « grands » et les dévots pour exiger un
renversement d'alliance en faveur de l'Espagne. Au nom
de l'unité du catholicisme. Et de la souffrance du peuple
qui subit disettes, ravages des troupes de lansquenets et
hausse de la pression fiscale. La foi au-dessus de la raison
d'État ; la religion au-dessus de la politique ; les principes
spirituels (et les préoccupations fiscales) au-dessus de
l'intérêt national.

Les périodes de régence y furent propices. Michelet
soupçonnait déjà l'Espagne d'avoir commandité l'assassinat d'Henri IV, avec la complicité des dévots, jusqu'à la
reine. Il voyait juste. Près de deux siècles plus tard, Jean-
Christian Petitfils (dans *L'Assassinat d'Henri IV. Mystères
d'un crime*) révèle un complot mené de Bruxelles par
l'archiduc Albert de Habsbourg. Ses tueurs, grassement
rémunérés sur sa cassette, auraient rencontré Ravaillac
et l'auraient poussé à perpétrer le crime à leur place. Ils
le convainquirent seulement d'attendre patiemment le
sacre de Marie de Médicis, plusieurs fois retardé avant le
départ du roi en campagne. C'est sous la régence de
celle-ci qu'on maria le jeune Louis XIII à Anne
d'Autriche, et que s'ébaucha une alliance entre les deux
puissances catholiques. Mais, devenu grand, le roi reprit
la politique de son père, et soutint Richelieu jusqu'au
bout dans son affrontement inexpiable avec la maison
des Habsbourg ; et Anne d'Autriche, toute française
depuis la naissance de son fils, devint la meilleure alliée
de la politique de Richelieu, poursuivie par Mazarin. Cinquante ans plus tard, acculé par les revers militaires, par
le grand hiver de 1709, Louis XIV lui aussi tint bon, sauvé

en 1712 par la victoire de Denain ; et le duc de Bourgogne,
qui avait montré une grande lâcheté sous la mitraille
ennemie, mourut la même année. Mais les ultimes
années de son règne, du traité d'Utrecht à son testament,
où il cède de guerre lasse à la Maintenon, en faveur de
ses « chers bâtards », connaissent déjà les faiblesses cou-
pables d'une Régence.

Chassé par la porte, le pacifisme rentre par la fenêtre.
La dette laissée par le Roi-Soleil obérait le destin de la
monarchie. Poussé par la nécessité financière, le Régent,
à l'intelligence fulgurante, fut peut-être un des rares
Français à comprendre le sens secret et désolant du
traité signé en 1713 par son glorieux oncle ; il osa un
audacieux rapprochement avec l'Angleterre et la Hollande, ces puissances protestantes et bancaires qui pos-
sédaient l'argent qui nous manquait tant. Le Régent
cherchait la bienveillance de cette City qui avait persé-
cuté son oncle, prolongeant de quelques années la
guerre de Succession d'Espagne, alors même que les
troupes et les gouvernements anglais étaient aussi four-
bus et las que leurs adversaires français. Mais cette
alliance avec le diable contraignit le cousin de Louis XIV
à guerroyer contre l'Espagne du petit-fils de Louis XIV !
On dut rire sous cape à Londres ! Le Régent tenta d'imiter
l'organisation bancaire et financière des Anglais, mais le
système de Law finit en catastrophe. L'inflation qu'il
provoqua permit tout de même de dégonfler la colossale
dette de l'État laissée par Louis le Grand, et même d'irri-
guer une indéniable croissance économique au XVIIIe siècle.
Restait à affronter le clergé et la noblesse pour leur imposer des impôts. Déjà, sous Louis XIII et Louis XIV, l'imposi-

tion de l'Église, premier propriétaire terrien et immobilier de France, avait été envisagée. Et puis, le roi « absolu » s'était incliné. L'incapacité de la monarchie d'accoucher d'un système fiscal efficace et juste la rendait incapable de soutenir l'affrontement avec sa rivale anglaise. Elle finira par avoir sa peau.

Le XVIIIe siècle a ouvert une ère sous laquelle nous n'avons pas cessé de vivre : celle des géants, des super-puissances. Au XVIIe siècle, la France était le seul « masto-donte », selon le mot du général de Gaulle. Ses « rivaux » potentiels, la Chine ou l'Inde, étaient trop loin au regard des moyens de transport de l'époque. Au XVIIIe siècle, tout changea. Par la mer, l'Angleterre entama sa grande marche vers la première mondialisation du XIXe siècle ; le continent européen risquait d'être débordé, marginalisé par le dynamisme commercial et maritime « mondia-liste » du Royaume-Uni. Par la terre, la Prusse et la Russie grossissaient, enflaient, sans mesure ; aucune barrière géographique ni politique ne les arrêtait. L'affrontement renouvelé des siècles futurs entre terre et mer, entre mondialisation et unification du continent européen se mettait en place. L'ordre de 1648 était ébranlé.

Louis XV ne prit pas la mesure du danger mortel pour son royaume. Il était le fils du duc de Bourgogne. Il avait été éduqué par le cardinal Fleury, imprégné d'idéo-logie fénelonienne. Il détestait la guerre. Au soir du 11 mai 1745, parcourant le champ de bataille de Fontenoy, au milieu des cris de douleur des blessés et des râles des agonisants, il confiait au dauphin Louis Ferdinand : « Voyez ce qu'il en coûte à un bon cœur de remporter des victoires ! Le sang de nos ennemis est toujours le sang

des hommes ; la vraie gloire, mon fils, c'est de l'épargner ! » En 1748, au traité d'Aix-la-Chapelle, après une
guerre pourtant victorieuse, Louis XV renonçait à la Belgique. Il avait fini par comprendre le traité d'Utrecht. La
paix avait un prix : la sujétion de Versailles à Londres ; et
Londres ne supportait pas qu'on mît la main sur la Belgique et ses précieux ports. Seul Frédéric II conserva sa
proie silésienne arrachée à l'Autriche ; le petit peuple
parisien, écœuré, forgea alors l'expression : « Travailler
pour le roi de Prusse. »

Louis XV tenta d'instaurer une conception des relations internationales aussi civilisée qu'un salon à Versailles. Même les guerres devaient respecter des codes. Il
ne demanda ni n'exigea aucun territoire. Bientôt, pourtant, il s'enorgueillit de prendre la Lorraine et la Corse.
De l'illusion de retrouver ses automatismes de grand prédateur.

La France de Louis XV est un royaume satisfait. De sa
civilisation, de sa puissance, de ses dimensions. Les divisions allemandes lui permettent de conserver une
impression de domination sur le continent. Elle fait
partie des nations repues. Son grand renversement
d'alliance avec l'Autriche entérine cette évolution. La
France ne veut plus conquérir, mais conserver. Elle veut
(se) faire croire que c'est une démonstration de force,
alors que c'est un aveu de faiblesse. Frédéric II de Prusse
brocarde ce pays gouverné par une femme, Mme de
Pompadour, qui, forçant un Bernis rétif, fut la grande
inspiratrice de cette politique.

La France catholique avait coutume de faire passer la
politique avant la religion. Désormais, alors que ce pays

est travaillé par une lente et inexorable alphabétisation et une déchristianisation qui touchent déjà avec éclat la cour et l'aristocratie, la diplomatie française édifie une ligue catholique contre les puissances protestantes. Ce choix est refusé par toute la nation, le peuple qui continue à détester les Autrichiens, mais aussi les élites, bourgeoises et parlementaires. Les Philosophes, conduits par Voltaire, soutiennent avec éclat le « roi philosophe » Frédéric II, monarque bien plus farouche et cruel que le souverain français. La trahison du duc de Richelieu, qui, au début de la guerre de Sept Ans, tient dans sa main l'armée prussienne et la laisse filer, après que Frédéric II eut évoqué avec lui les heures glorieuses de l'alliance entre son pays et son oncle, le grand cardinal – sans oublier des rétributions sonnantes et trébuchantes –, condamna à l'échec cuisant l'audacieuse politique royale.

Lors du traité d'Aix-la-Chapelle en 1748, Louis XV vainqueur fut magnanime ; pour le traité de Paris en 1763, Louis XV, défait à l'issue d'une longue guerre de Sept Ans, fut sans doute convaincu qu'il avait sauvé l'essentiel. Nous perdions pourtant le plus bel empire colonial de l'histoire de France : Canada, Indes. On connaît le mot célèbre de Voltaire méprisant les « quelques arpents de neige » du Grand Nord américain. Voltaire, qui avait des intérêts financiers dans le commerce triangulaire, préférait qu'on sacrifiât le Canada à la Martinique. Pour une fois, Louis XV tint le même raisonnement économique que le plus célèbre philosophe de son royaume ; les argu-

ments « anticolonialistes » rejoignaient les préoccupations mercantilistes : il conserva les colonies à esclaves
(Caraïbes) qui rapportaient, plutôt que les colonies de
peuplement que les Français ne peuplaient pas. Contrairement aux Anglais. C'est le vice historique de l'impérialisme français que nous retrouverons une dernière fois
en Algérie : les Français n'y vont pas. Même aux heures
les plus glorieuses de leur révolution démographique, ils
ne submergent jamais les indigènes qui sont pourtant
encore soumis à la modeste croissance démographique
en société traditionnelle. On vit trop bien au pays. Même
sous Louis XV. Et puis, contrairement aux Anglais, les
Français n'exterminent pas les « sauvages » ; ils se mélan-
gent. Aux Indes, au Canada, et plus tard en Afrique. C'est
évidemment tout à l'honneur de notre pays, mais cela
soulève des questions démographiques que les colons
anglais ne se posent pas. Le comportement de la population française imposait aussi à la France son destin continental.

Le raisonnement économique de Louis XV porta
d'abord ses fruits : au XVIIIᵉ siècle, la France devint la
première puissance sucrière en Europe, grâce à ses
colonies de plantation dans les Antilles (Saint-Domingue,
Martinique, Guadeloupe) et dans l'océan Indien (île de
France, qui deviendra l'île Maurice, et île Bourbon,
future île de la Réunion) : ses exportations vers l'Europe
dépassaient celles de la Grande-Bretagne et firent la fortune des ports de l'Atlantique, Bordeaux et Nantes en
particulier. Mais, si le sucre était en train de devenir un
produit de grande consommation, ce succès fut insuf-
fisant.

Le traité de Paris de 1763 signa l'irrémédiable défaite française dans la mondialisation qui s'annonçait. « Que perd la France, notait Michelet ? Rien si ce n'est le monde. »

L'histoire du XVIIIᵉ siècle français est un miroir aux alouettes. Apparemment, tout est fête des sens et de l'intelligence, luxe, volupté. En vérité, tout est dette, ruine, déclin.

Choiseul et Vergennes tentèrent de restaurer la puissance française. Ils s'appuyèrent sur les autres Bourbons européens, à Madrid et à Naples. Sans doute l'influence idéologique de l'alliance avec les Habsbourg. Mais, en sous-main, on préparait la revanche contre les Anglais. Comme après 1870, la devise de la monarchie française aurait pu être déjà : « N'en parler jamais, y penser toujours. » Non sans succès. On rétablit la discipline et l'ordre dans les armées françaises ; on révolutionna les conceptions stratégiques à l'École militaire, que fréquenterait bientôt un jeune Corse nommé Buonaparte ; Gribeauval mit au point une nouvelle artillerie que les troupes révolutionnaires et impériales feraient tonner dans toute l'Europe. On commença l'édification d'une marine capable de rivaliser avec la Navy ; mais Louis XV, prudent, limita le tonnage de la Royale à la moitié de celui de la marine britannique. Louis XVI acheva brillamment l'œuvre de son grand-père. Louis XVI lui non plus ne voulait plus de guerres ni de conquêtes. En tout cas, sur terre. Louis XVI était un marin qui n'avait jamais vu la mer. Cet homme très intelligent avait compris que, dans l'éternel affrontement entre la mer et la terre, c'est la mer qui gagne le plus souvent ; et, quand la terre l'emporte, quand Rome écrase Carthage, c'est par la mer. Avec lui, la France posséda enfin la marine dont rêvait Colbert.

Cette marine lui permit de venger l'affront anglais en émancipant sa colonie américaine. Cette tâche dantesque, dont on se glorifie encore aujourd'hui, fut peut-être la plus grosse bévue de Louis XVI. Elle se retourna contre la monarchie et la France. L'Amérique continuera d'être tout anglaise ; de la France, Jefferson préférait les bouteilles de château-yquem ! En 1792, la France envahie quêtera en vain l'aide de l'Amérique ingrate. L'Amérique payera sa dette. En 1917 ! Et l'on verra dans quelles conditions. Les idées de liberté, de république, prendront un essor jamais vu en France. Les services secrets anglais vengeront l'outrage en finançant sans vergogne les menées révolutionnaires du duc d'Orléans, jusqu'aux Jacobins. La guerre ruinera la monarchie : l'équivalent de dix ans de budget ! La convocation des états généraux sera directement issue de la guerre d'Amérique. Une assemblée qui, contrairement à son homologue anglaise, ne restaurera pas l'ordre ancien, mais fera table rase du passé ; ne limitera pas le pouvoir du monarque, mais se posera en rivale du roi. « On ne détruit que ce qu'on remplace. »

Pour expliquer la Révolution, on songe rarement aux questions internationales. Paradoxalement, ce sont les historiens anglo-saxons (Jonathan R. Dull, Edmond Dziembowski) qui insistent sur ce point. Les travaux de l'abbé Jean-Louis Soulavie, qui, dès 1801, montraient que le renversement d'alliance de 1756 fut « l'une des causes de la Révolution », furent méprisés par l'historiographie française avant que des francs-tireurs comme Jean-

Christian Petitfils ne les exhument. Pourtant, le
XVIIIᵉ siècle vit l'émergence d'une « opinion », de plus en
plus instruite, éduquée et endoctrinée par les Philosophes, manipulée et excitée par les libelles, qui a son
avis sur la conduite de la France en Europe. Une opinion
qui n'admet pas le grand renversement d'alliance,
pousse le roi en faveur des « insurgents », se scandalise
de sa pusillanimité face au partage de la Pologne.

Enfermés dans leur prison dorée de Versailles,
Louis XV et ses ministres ne comprennent pas cette évolution. Louis XV ou le roi maudit. Ce monarque dépressif
et libertin, lascif mais qui refusait de communier par
honte de ses péchés, pacifiste mais qui accumula les
guerres, que les historiens républicains haïrent (« le plus
mauvais roi de l'histoire de France », disait Albert Sorel),
dépeignirent en roi fainéant, était sorti de sa léthargie
pour une manœuvre florentine : le fameux « secret du
roi », qui, à grands coups d'espions romanesques et de
correspondances codées, prenait à revers la politique
officielle d'alliance avec les Habsbourg, en renouant discrètement avec la Prusse, et s'instaurant en protecteur
d'une Pologne que ses élites aristocratiques futiles et ver-
satiles menaient à la ruine.

N'est pas Mazarin qui veut. La « *combinazione* » trop
subtile du Bien-Aimé se perdit lamentablement dans le
premier partage de la Pologne de 1772. La Russie, la
Prusse et l'Autriche se goinfrèrent. L'impératrice autrichienne Marie-Thérèse fit mine de tergiverser, de pleurer
sur le sort de cette pauvre Pologne, très catholique
comme elle, mais ne put laisser l'avantage à son grand
rival du Nord : « Marie-Thérèse pleure, mais elle prend »,

se gaussa le toujours sarcastique, voltairien, misogyne Frédéric II. Le XVIIIe siècle vit les commencements de cette rivalité inexpiable entre la Prusse et l'Autriche pour la domination de l'Allemagne, qui s'achèvera à Sadowa en 1866, par la déroute de l'Autriche. En attendant cette ultime explication, les deux adversaires s'efforcèrent de grossir le plus possible. La maison de Habsbourg avait quelques siècles d'avance, mais cette « ambitieuse maison » de Hohenzollern, comme dirait avec méfiance Talleyrand, finirait par la réduire à l'état humiliant de fidèle second.

Et puis, il y avait la Russie. Depuis 1770, assurée de ses arrières asiatiques, elle intervenait de plus en plus dans les affaires européennes. Invasion de la Crimée en 1783, de la Bessarabie ensuite, contrôle partiel de la Moldavie et de la Valachie, dépeçage de la Pologne, annexion de la Géorgie, et même installation à Corfou et sur l'Adriatique. Du bel ouvrage. Pierre le Grand aurait été fier de Catherine II, qui double le territoire russe pendant son règne. Les Russes attaquèrent par le nord un Empire ottoman moribond, que les Anglais menaçaient par l'Inde et la Méditerranée. Pour l'instant, les deux futurs protagonistes du « grand jeu » du XIXe siècle demeuraient des alliés au moins objectifs.

L'Amérique enfin n'était encore rien : treize États unis dans une fédération fragile ; deux millions d'habitants ; mais un mythe, déjà : la liberté. Et un potentiel. Immense. Les rares visiteurs européens le pressentent. À son retour des États-Unis, où il partit se protéger des fureurs de la Terreur, Talleyrand prophétisait : « L'Amérique s'accroît chaque jour. Elle deviendra un pouvoir colossal, et un moment doit arriver où, placée vis-à-vis de l'Europe en communication plus facile par le moyen de nouvelles découvertes, elle désirera dire son mot dans nos affaires et y mettre la main... Le jour où l'Amérique posera son pied en Europe, la paix et la sécurité en seront bannies pour longtemps. »

Les Américains donneront raison en tous points au Diable boiteux. Ils extermineront les Indiens pour prendre possession de leurs terres ; rachèteront la Louisiane à Napoléon ; puis ils attaqueront une puissance coloniale déclinante, l'Espagne, pour lui arracher ses territoires les plus riches : Californie, Floride. À l'époque, ce n'est encore qu'un pays agricole. Avec l'arrivée des immigrants allemands à la fin du XIXᵉ siècle, il deviendra la grande puissance industrielle qui aura alors les moyens de venir faire la loi en Europe. À l'Europe.

La France se vivait encore comme un géant qu'elle n'était déjà plus. Elle avait perdu la bataille de la mondialisation en 1763 ; elle était potentiellement marginalisée en Europe. Le 15 avril 1788, deux traités d'alliance, l'un anglo-hollandais, l'autre hollando-prussien, complétés le 13 août par un accord défensif anglo-prussien, enserraient l'ouest de l'Europe et isolaient la France. L'Angleterre prenait une revanche éclatante sur la guerre d'Indépendance américaine. L'impératrice Catherine II écrivit avec jubilation que les échecs successifs de la politique étrangère de la France ruinaient ses ambitions et son prestige accumulés « pendant deux cents ans ».

Au firmament de sa magnificence, la France ignorait qu'elle sortait de l'histoire. Le règne de Louis XVI est cette époque transitoire où la France n'est plus un prédateur mais pas encore une proie.

Dès le début de la Révolution, les monarques de la coalition ne s'y trompèrent pas : ce n'était pas le sort de leur malheureux parent, Louis XVI, qui était en cause, mais le démembrement d'un pays affaibli par les troubles et les désordres. La France n'était qu'une Pologne en grand. Un rêve pour la Prusse, et même l'Autriche. C'est ce qui rend inexpiable le crime d'une Marie-Antoinette, qui n'hésita pas à transmettre les plans de l'état-major français aux services secrets de son frère, empereur d'Autriche. La mode actuelle autour de l'Autrichienne est sans doute une preuve supplémentaire de l'abaissement du sentiment national dans notre pays.

Une monarchie millénaire aux abois laissait toutefois à ses successeurs un héritage plantureux : le pays a atteint en 1789 la taille démographique optimale qui lui permet de dominer l'Europe : vingt-huit millions d'habitants, autant que l'Angleterre, la Prusse et l'Autriche réunies. Seule la Russie atteint un nombre équivalent d'habitants, mais sur un territoire immense. Les deux « empires » démographiques sont mûrs pour se partager l'Europe.

Les victoires de la Révolution retournèrent miraculeusement la situation. Rive gauche du Rhin, Belgique, républiques Cisalpine (Milan), Ligurienne (Gênes), Piémont et Turin annexés en 1801, la France républicaine, en achevant à la hussarde le destin romain rêvé par les rois, se mettait à l'échelle de la modernité. Le pays semblait en passe de réussir la transmutation de puissance à superpuissance exigée par les nouvelles conditions de la géopolitique mondiale.

Il avait fallu tuer un descendant de Saint-Louis pour parachever ce que les quarante rois avaient préparé avec un soin méticuleux et patient. Le peuple soutint des élites qui, découragées par l'incapacité de la monarchie de monter les ultimes marches du destin romain qu'elles lui avaient tracé mille ans plus tôt, avaient décidé de poursuivre l'œuvre sans elle. D'abord en portant sur le pavois un césar à sept cents têtes : la Convention ; puis, à la manière plus classique du héros : Bonaparte.

Les conquêtes de la Révolution n'ont été en réalité qu'une réponse aux bouleversements du XVIIIe siècle ; mais ce simple rééquilibrage géopolitique fut vécu par toute l'Europe comme l'insupportable arrogance de l'« insolente nation ». Subjugués et financés par l'Angleterre, qui ne voulait pas qu'il y eût sur le continent de domination aussi absolue que celle qu'elle-même exerçait sur les mers, les monarques européens n'auraient de cesse que d'abattre la puissance française. L'Europe des rois ne reconnaîtrait jamais à cette France-là ce « droit de bourgeoisie », que solliciterait en vain Talleyrand.

CHAPITRE 3

L'Empereur

Du superbe « dix-huit brumaire de Louis Bonaparte », la postérité n'a retenu que la célèbre phrase de Karl Marx, et encore tronquée : « Les hommes font leur propre histoire. Mais ils ne savent pas l'histoire qu'ils font. »

La suite était pourtant passionnante : « de 1789 à 1814, la Révolution se drapa successivement dans les oripeaux de la République romaine et de l'Empire romain [...]. Camille Desmoulins, Danton, Robespierre, Saint-Just, Napoléon, les héros comme les partis et la masse de la vieille Révolution française réalisèrent, sous le costume romain et avec des phrases romaines, la tâche imposée par leur époque, c'est-à-dire l'affranchissement et l'établissement de la société bourgeoise moderne [...].

« Une fois réalisée la nouvelle forme de la société, les colosses antédiluviens disparurent et, avec eux, les reconstitutions empruntées à Rome, les Brutus, les Gracches,

les Publicola, les tribuns, les sénateurs et César lui-
même. La société bourgeoise, pratique et réaliste, s'était
créé ses vrais interprètes, ses véritables porte-parole,
dans la personne des Say, des Guizot, des Royer-Collard,
des Benjamin Constant, des Cousin ; ses capitaines réels
siégeaient derrière les comptoirs, et son chef politique,
c'était Louis XVIII, cette "tête de lard". Entièrement
absorbée par la production de la richesse et la lutte pacifique de la concurrence, elle ne se rendait plus compte
que les ombres romaines avaient veillé sur son berceau.
Mais, bien que cette société bourgeoise n'eût rien
d'héroïque, il n'en avait pas moins fallu l'héroïsme,
l'abnégation, la terreur, la guerre civile, les batailles des
nations pour la mettre au monde. Et ses gladiateurs trouvèrent, dans les austères traditions classiques de la République romaine, les conceptions idéales et les formes
d'art dont ils avaient besoin pour se dissimuler à eux-
mêmes le fond bourgeoisement étroit de leurs luttes et
maintenir leur passion à la hauteur de la grande tragédie
historique […].

Sous la Révolution, tout le monde est romain. Saint-
Just dit : « Le monde est vide depuis les Romains. » Il a
hâte de le remplir. À Louis-le-Grand, ses jeunes condis-
ciples appelaient Robespierre « le Romain ». Les mânes de
Brutus sont invoqués sans cesse. Bonaparte signe Brutus
son récit de sa prise de Toulon aux Anglais. Ensuite, il
endosse les habits de César ; et fait de Brutus le chef de la
police. Logique historique impeccable. Lorsque la propagande anglaise dénonce « l'Empire des Gaules », elle
touche au plus juste. Quand Marx brocarde les nains
Guizot ou Cousin, et les rois de la Restauration, il oublie

seulement qu'ils sont le produit de la défaite française, et de la victoire anglaise. Le capitalisme n'a pas qu'un seul modèle. Les révolutionnaires en effet se battent sur deux fronts : le combat de l'avenir, face à l'Angleterre, pour le monde qui vient ; le combat du passé, face aux vieilles monarchies, pour lesquelles la France est l'horreur révolutionnaire qui menace leurs trônes. La diplomatie britannique a bien compris cette situation inédite et joue parfaitement de l'effet de tenaille.

Marx voit juste ; mais, enfermé dans son prisme économico-social, il laisse de côté l'aspect géostratégique. En cette fin du XVIIIe siècle, le rêve romain de la France est le seul qui puisse lui permettre, dans les temps qui s'annoncent, de conserver son rang. Napoléon ne l'a pas compris tout de suite ; il s'est adapté aux circonstances, longtemps favorables, sans plan précis ni parfois cohérent. Il a tâtonné et commis beaucoup de fautes, pas toujours celles qu'on lui reprochera le plus. Mais il y avait en lui du prophète génial – « poète de l'action », comme l'avait surnommé Chateaubriand, qui pressentait, parfois, l'avenir. Seul un poète, Paul Valéry, autre voyant, comprendrait ce qui s'était joué : « Napoléon semble être le seul qui ait pressenti ce qui devait se produire et pourrait s'entreprendre. Il a pensé à l'échelle du monde actuel, n'a pas été compris, et l'a dit. Mais il venait trop tôt ; les temps n'étaient pas mûrs ; ses moyens étaient loin des nôtres. On s'est remis après lui à considérer les hectares du voisin et à raisonner sur l'instant. »

Les « quarante rois qui ont fait la France » lui avaient laissé un projet inachevé, forger une nouvelle Rome dans les limites de la Gaule romaine. Ce qu'on appelait « les

limites naturelles » : « La mer et le Rhin, les Alpes et les
Pyrénées ; ce sont nos sept collines » (Michelet). Ce but
fut atteint sous le Consulat, avec la paix de Lunéville,
signée avec les Autrichiens, et la paix d'Amiens, signée
avec l'Angleterre en 1802. On imagine la félicité française, qui obtenait « la gloire et la paix dans l'honneur ».
La gratitude française s'exprima d'autant mieux que les
échecs de nos deux derniers rois, les folles imprudences
et provocations des débuts de la Révolution, et la plati-
tude cupide des directeurs avaient mis la France au bord
du gouffre. « Le général Bonaparte pouvait dire à chaque
Français : "Par moi, tu es encore français ; par moi, tu
n'es pas soumis à un juge prussien, ou à un gouverneur
piémontais ; par moi, tu n'es pas esclave de quelque
maître irrité et qui a sa peur à venger. Souffre donc que je
sois ton empereur" » (Stendhal, *Vie de Napoléon*).

En 1800, le renversement est miraculeux, à l'image de
cette victoire de Marengo, emportée par l'arrivée *in
extremis* sur le champ de bataille de Desaix, alors que
Bonaparte était acculé par les Autrichiens en surnombre.
La France portera l'homme qui avait réussi cette tâche
millénaire sur le pavois impérial. Dans sa quête de
« banalisation » européenne de la France, Talleyrand
aurait préféré qu'on « fît un roi » ; mais il y avait alors
seulement onze ans que la tête de Louis XVI avait roulé
dans la sciure.

Cinquante ans avant Marx, Talleyrand n'était pas dupe
de l'aspect parodique de cette consécration impériale.
Nous n'étions plus à Reims, mais dans une Notre-Dame
drapée comme un décor de théâtre ; le charme monarchique avait été rompu par le couteau de la guillotine.

D'où son sourire ironique sur le fameux tableau de David. Déjà, en 1802, Napoléon avait songé au titre d'empereur des Gaules ; mais « le ridicule en fit justice. On vit sur le boulevard une caricature représentant un enfant conduisant des dindons avec une gaule, et au-dessous ces mots : l'Empire des Gaules. La garde des consuls lui prouva par ses murmures qu'elle n'avait pas encore oublié ses cris de Vive la République qui l'avaient si souvent conduite à la victoire. Lannes, le plus brave de ses généraux [...], lui fit une scène de républicanisme » (Stendhal, *Vie de Napoléon*).

Les Anglais comprirent très vite leur bourde pacifique. Les historiens contemporains partagent les responsabilités de la rupture de la paix d'Amiens, en notant que Napoléon a irrité les Anglais en annexant le Piémont ; mais le traité de 1802 ne réglait que les différends maritimes entre les deux pays et laissait carte blanche à la France sur le continent. Le Piémont ne pouvait pas échapper à une France qui accomplissait son destin romain. Napoléon réalisait le rêve de François Ier, de Louis XIII ; ce qu'avait laissé échapper Louis XIV à cause de son dépressif petit-fils « espagnol ». Les Anglais saisirent le premier prétexte en refusant d'évacuer Malte ; la Navy surveillait la route des Indes par cette Méditerranée dont Napoléon voulait faire un lac français.

« C'est l'Angleterre qui m'a poussé, forcé à tout ce que j'ai fait. Si elle n'avait pas rompu le traité d'Amiens, si elle avait fait la paix après Austerlitz, après Tilsit, je serais resté tranquille chez moi », dira Napoléon à Caulaincourt, dans la berline qui les ramène de Vilnius à Paris, après le désastre russe. Comme s'il comprenait enfin le

piège dans lequel il était tombé ; le piège dans lequel il ne
pouvait pas ne pas tomber.

Des frontières naturelles, on passa à l'unification de
l'Europe. Extension inéluctable. Après Tilsit vint le
temps de l'Empire d'Occident. L'Empereur s'inspira du
modèle carolingien, rassemblant autour de la France des
marches protectrices en Allemagne et en Italie. Trop vite,
trop haut, trop fort ; certains ont prétendu que ses origines italiennes l'auraient éloigné de la modération capétienne si française. Stendhal le compara aux *condottieri*
du xive siècle, aux Sforza, ou à Castruccio Castracani,
tyran de Lucques au xive siècle ; mais, à part l'épisode
espagnol, on peine à reconnaître des traces de machiavé-
lisme dans la pratique politique de l'Empereur. Souvenons-
nous seulement que Louis XIV (mère espagnole, mentor
italien) prétendait donner « une paix romaine » à
l'Europe.

« La conception du Grand Empire est toute romaine,
comme la République d'où il sort. Il rappelle l'Empire
romain parce que les conditions en sont analogues, que
le théâtre en est le même et que les combinaisons du
gouvernement des hommes sont limitées. C'est l'Empire
de Dioclétien pour l'administration, les codes, toute la
mécanique du gouvernement, des auxiliaires étrangers,
des barbares enrégimentés, des confins militaires et,
encore au-delà, pour l'inconnu des forêts et des plaines
sans fin, des Scythes, des Sarmates et des Slaves. Charlemagne donne l'idéal légendaire ; Dioclétien, les réalités,
les instruments d'État » (Albert Sorel).

On traite souvent la France des cent trente départements par l'effroi devant la démesure ou l'ironie cinglante devant la mégalomanie. Pourtant, l'Empire de 1811 contient, hors l'Hexagone, la Belgique, les Pays-Bas, la Rhénanie, le Piémont et la Toscane. Mis à part les côtes maritimes de l'Allemagne du Nord, annexées en 1810, et qui sont la trace de l'obsession du Blocus continental, c'est la Gaule romaine enfin reconstituée ; l'empire de Charlemagne qui retrouve son équilibre rompu en 843 ; l'axe central de l'évolution marchande et urbaine de l'Europe depuis le XIIIᵉ siècle ; un marché unifié de quarante millions d'habitants (à l'époque !), qui correspond à l'espace des six pays fondateurs du traité de Rome de 1957. Marx avait raison : l'appel au glorieux et mythique passé donne l'énergie indispensable pour accoucher aux forceps de l'avenir. Un héritage historique et géographique qui permet de mieux comprendre rétrospectivement l'aisance avec laquelle de Gaulle dominera dans les années 1960 ce « marché commun ». Cette « Europe française » était la France.

Derrière la résurrection revendiquée autant que surjouée de l'Empire romain, il y a une Europe continentale fédérée autour d'un môle français dominateur, rassemblée au sein d'une vaste fédération qui irait jusqu'à Wilno, avec la Pologne en poste avancé contre la Russie... Exactement ce que constituent aujourd'hui les États-Unis avec leur fédération européo-otanienne.

La France révolutionnaire a été une sorte de préfiguration de l'Union soviétique et de l'Amérique. Elle a multiplié les républiques-sœurs comme de futures démocraties populaires : batave, helvétique, cisalpine, ligure, romaine et parthénopéenne. Napoléon a poussé à son terme la logique en les annexant une après l'autre au territoire français. Et les diplomates de la République française ont les manières rudes, mélange d'arrogance et de naïveté, que les vieux diplomates français et anglais railleront tant au xxᵉ siècle chez les envoyés de la République américaine. Aux yeux de l'Europe aristocratique, Napoléon est un parvenu, chef génial d'une insolente nation.

Mais la France continue d'assumer l'héritage de l'Empire romain. Partout, les Français assimilent selon son modèle : des armées, des routes, des codes, des administrations. Partout, le système féodal est aboli, les Églises perdent leur pouvoir, de nouvelles élites bourgeoises émergent. La langue française reprend le rôle du latin. Un réseau routier est édifié qui relie Paris à Amsterdam, Francfort, Milan. Au Louvre, Vivant Denon centralise toutes les beautés artistiques de l'Europe, donnant ses consignes aux soldats-rabatteurs-pilleurs avant leurs campagnes.

Dans ses Mémoires, un Hollandais, Dedem de Gelder, note : « Le soldat français est bon camarade ; mais parmi les généraux, il y en a peu qui ne soient pas imprégnés de cet orgueil qu'avaient les Romains, celui de se croire beaucoup plus que tout autre peuple. Aussi regardent-ils constamment un étranger comme inférieur en tout et fait pour être soumis à leurs volontés. »

Quand le jeune Chateaubriand, survivant de l'armée des Princes vaincue par les volontaires de 1792, arrive à Namur, fuyard esseulé, dépenaillé, affamé, et sale, il est recueilli et soigné par les femmes de la ville. Dans ses

Mémoires d'outre-tombe, alors qu'on s'attend qu'il rende hommage à la sollicitude et à la bonté des Flamandes, il écrit : « Je m'aperçus qu'elles me traitaient avec une sorte de respect et de déférence ; il y a dans la nature du Français quelque chose de supérieur et de délicat que les autres peuples reconnaissent. »

La domination française avait été préparée avec soin. « Dans les victoires d'Alexandre le Grand, il y avait les idées d'Aristote. » De même, il y a Voltaire et Rousseau dans les conquêtes de Napoléon. L'Europe est prête à la domination française. Elle l'attend. Ce furent d'abord les rois et les élites qui recueillirent l'héritage politique, administratif, militaire du Roi-Soleil. Au XVIIIᵉ siècle, les Philosophes prirent le relais des hommes d'État : « Voltaire m'a mise au monde », disait la grande Catherine. Mais la Révolution leur fera comprendre que leurs chers Philosophes ont aussi des effets subversifs. Les peuples attendent avec ferveur le message de libération révolutionnaire. Kant arrêtera sa rituelle promenade quotidienne le 14 juillet 1789 ; Hegel, voyant passer Napoléon, contemplera « l'esprit du monde à cheval » ; un représentant de Mayence, Adam Lux, vint à Paris demander le rattachement de sa ville à la grande nation. Au fur et à mesure des victoires, la ferveur émancipatrice se corrodera des rigueurs de l'occupation ; mais les prophètes désarmés sont vite balayés par l'histoire. La plupart des républiques-sœurs sont mûres pour le message égalitaire français. Elles ont en commun la religion catholique, la montée de l'alphabétisation, des structures familiales égalitaires, et les traces physiques, architecturales, cultu-

relles de l'Empire romain. Longtemps après le départ des
troupes françaises perdurera la nostalgie d'une administration française, parfois bureaucratique et tatillonne à
l'excès, mais égalitaire et non corrompue.

Après avoir cru, aux débuts de la Révolution, se partager les dépouilles de la France, les rois européens se
retrouvèrent, terrifiés, face à leur disparition annoncée.
Ce ne pouvait être qu'une lutte à mort. Napoléon était
le produit de la Révolution. Il eut beau, sur les conseils
de Talleyrand, imiter les monarques, ceindre une couronne, rien n'y fit. Les rois européens n'avaient pas le
choix. Si la peur de leurs peuples ne leur suffisait pas,
les services spéciaux de Sa Gracieuse Majesté veillaient.
Ainsi firent-ils assassiner le tsar Paul, avec la complicité
de son fils – Alexandre –, qui persistait dans son admiration pour la France et en particulier le Premier consul.
Chateaubriand prétend que la mort du duc d'Enghien
avait rendu impitoyables les monarques européens. On
ne les avait pas vus aussi sentimentaux lorsque
Louis XVI était monté à l'échafaud. Dans cette lutte
inexpiable entre deux mondes, deux époques, où,
comme souvent en période de conflit armé, on passait
d'une légitimité à une autre, il fallait être radical : les
Anglais le furent ; Napoléon aussi, mais seulement à la
guerre. Il harcelait et détruisait les armées vaincues,
rompant les traditions des guerres en dentelles du
XVIIIe siècle, quand les armées « se faisaient le moins de
mal possible ». Il utilisa à merveille les nouvelles théories militaires enseignées dans les écoles de guerre françaises, combinant avec une rare efficacité les masses et
la vitesse. Il pratiqua sans vergogne la « montée aux

extrêmes » de la guerre moderne que théorisera Clausewitz.

Napoléon n'abattit ni les Habsbourg ni les Hohenzollern. Ce fut sans doute sa plus grande erreur, et, à en croire Stendhal, la preuve qu'il ne fut qu'un piètre politique. S'il n'avait pas fait la paix de Campoformio, il fût rentré à Vienne dès 1797, et épargnait à la France les campagnes de 1805 et de 1809 ; mais ce fut chaque fois la maison d'Autriche qu'il épargna. S'il avait abattu les héritiers du grand Frédéric après Iéna en 1806, il aurait empêché que Berlin ne devînt le centre de la résistance aux Français.

L'« Ogre corse » renouait alors avec les prudences magnanimes et pacifistes d'un Louis XV ! L'homme qui confiait à Talleyrand : « Avant ma mort, ma dynastie sera la plus ancienne d'Europe », celui qui « faisait des rois comme des préfets » et détruisait ainsi symboliquement la monarchie, ses mystères et son aura, n'irait jamais au bout de sa logique. Il avait un siècle d'avance. L'histoire lui donnerait raison… en 1918, quand les trois empereurs européens, l'Autrichien, l'Allemand et le Russe, rejoindront le Bourbon dans les poubelles de l'histoire. Mais l'histoire ne repasse pas les plats. « En politique comme à la guerre, le moment perdu ne revient pas », avait pourtant prévenu l'empereur français. Stendhal avait raison : dès qu'il quittait les champs de bataille, il perdait son coup d'œil d'aigle. D'autres puissances tireraient les marrons de ce feu-là, alors même qu'en 1918 la France de Clemenceau crut encore mettre ses pas dans ceux de géant de l'Empereur. En vain une dernière fois.

Par-delà les siècles, les personnalités, les circonstances, le drame français fut sans doute paradoxalement l'excès de mesure, et ces victoires magnifiques et coûteuses, mais jamais exploitées complètement.

Après Friedland, Napoléon traita Alexandre Ier en ami, n'exigea rien de lui à Tilsit ; le Tsar en profita pour réorganiser son armée sur le modèle français : « À Tilsit, j'ai gagné du temps », avouera-t-il plus tard. Envahissant la Russie, Napoléon refusa d'émanciper les serfs russes, et de les lancer contre leurs maîtres. Il fit tout pour se faire accepter par l'Europe ancienne, jusqu'à épouser Marie-Louise, la nièce de Marie-Antoinette. Alors, son entreprise de réconciliation avec l'Ancien Régime coupa le cordon ombilical qui le liait à la Convention de 1793.

Il y a du Madame Verdurin dans sa manière naïve de parler de « son oncle Louis XVI ». « Napoléon eut le défaut de tous les parvenus : celui de trop estimer la classe à laquelle ils sont arrivés » (Stendhal).

Le mariage autrichien révèle que la légitimité monarchique, celle du passé, taraude Napoléon alors qu'il possède celle de l'avenir, ce mélange de gloire et de démocratie plébiscitaire, qui subvertira jusqu'au régime parlementaire britannique tant admiré par nos élites. Ce mariage est une de ses pires erreurs, car il l'éloigne de son fleuve national. Fouché avait raison contre Talleyrand. Avec l'alliance autrichienne, il reprenait la politique de famille de Choiseul qui avait conduit la monarchie française à sa perte. Chaque fois, l'Autriche nous entraîna dans son abîme.

Napoléon avait pourtant une obsession : l'alliance russe. Il espérait se partager l'Europe avec « la montagne de neige », comme disait Talleyrand. C'est lui qui voyait juste et loin. Au XIXe siècle, l'Angleterre se partagera l'Asie avec la Russie. Au XXe siècle, les États-Unis et Churchill découperont l'Europe avec la Russie, sans que cela ne gêne personne, excepté les populations sous domination russe. Là aussi, Napoléon avait un ou deux siècles d'avance. Stendhal aussi : « La Russie a toujours cru, depuis Pierre le Grand, qu'elle serait en 1819 la maîtresse de l'Europe si elle avait le courage de le vouloir, et l'Amérique est désormais la seule puissance qui puisse lui résister. »

L'alliance autrichienne était une fleur du passé. Fanée avant même que d'avoir éclos. Talleyrand y voyait la porte d'entrée en Angleterre ; mais la paix anglaise était une chimère, tant que Napoléon ne céderait pas sur la Belgique en général et Anvers en particulier. Les Autrichiens ont trahi les Français dès qu'ils ont pu. Malgré Marie-Louise et l'Aiglon. Dans ces négociations à l'ancienne mode, Napoléon s'est perdu. « Le cycle avait commencé par la résistance nationale ; il finit par celle des Russes. L'esprit national continua de tout conduire et de tout animer ; il avait mené les Français à Moscou ; il allait mener, sur leurs pas, les Russes à Paris » (Albert Sorel).

Napoléon avait écrasé l'Europe des monarques, des cabinets, des coalitions ; il fut vaincu, malgré tout son génie, par l'Europe des nations. C'est peut-être ce qu'il pressentait lorsqu'il disait : « La balle qui me tuera portera mon nom. » Son étoile de Lodi, qu'il cherchait désespérément jusque dans le ciel de Moscou, c'était la nation.

Napoléon l'emporta tant qu'il s'inscrivit dans le schéma millénaire français, reconstituer la Gaule romaine, et ses marches qui la protègent. Il se perdit et la France avec lui quand il s'égara ailleurs : Espagne, Russie.

Dans ces deux contrées « barbares », où règnent encore l'Inquisition au sud, le servage à l'est, Napoléon était convaincu – non sans raisons – de régénérer ces nations par la magie de son code civil. Il abolit l'Inquisition en Espagne, mais n'osa toucher au servage en Russie. Il chutera chaque fois sur la résistance populaire fanatisée par des prêtres incultes et superstitieux. Soljenitsyne a expliqué que les deux peuples russe et espagnol, situés aux deux extrémités de l'Europe, sont liés par un destin commun : sauver la civilisation chrétienne dans une lutte millénaire, l'un face aux Mongols, l'autre face à l'Islam.

Face à l'Angleterre, non plus, Napoléon n'ira pas au bout de sa logique. Jacques Bainville a démontré avec éclat comment la défaite de Trafalgar, qui le privait de marine, condamnait désormais Napoléon à un Austerlitz par an, tâche surhumaine même pour le successeur d'Alexandre le Grand.

Le Blocus continental, contrairement à ce qu'espérait Napoléon, ne détruisit pas la puissance commerciale et surtout monétaire de l'Angleterre. L'Angleterre retarda l'échéance par son inventivité commerciale et son dynamisme économique, la contrebande à grande échelle (à laquelle collaboraient certains maréchaux d'Empire, qui s'enrichirent ainsi considérablement), ses nouveaux débouchés en Amérique du Sud, procurés par son intervention en Espagne, mondialisant encore plus son économie en étendant son emprise coloniale, alors même qu'en 1789 les marchés européens ne représentaient déjà plus que deux cinquièmes du commerce britannique, tout ce qu'a admirablement démontré François Crouzet dans son livre magistral *De la supériorité de l'Angleterre sur la France* ; mais ce ne sont pas les lois de l'économie qui ont sauvé l'Angleterre, c'est l'hiver russe.

Le Blocus continental avait été préparé par de nombreuses mesures prises par la Convention et le Directoire. Il était une réponse à l'Acte de navigation de 1651 et aux pratiques anglaises depuis cette date. Contrairement à ce qu'écrivait Montesquieu, et ce que prétendent tous nos théoriciens libéraux depuis lors, ce n'est pas le doux commerce qui a fait la fortune du Royaume-Uni, mais l'implacable défense militaire du commerce. William Pitt père disait déjà aux marins de la Navy : « Le commerce, c'est votre dernière ligne de défense, votre dernier retranchement, vous devez le défendre ou périr. » Son fils, Premier ministre en 1800, ne dit pas autre chose : « Tous les neutres doivent se soumettre à la visite du dernier corsaire anglais… Jamais l'Angleterre ne se départira de ce droit dont l'exercice est absolument indispensable au maintien des intérêts les plus chers de son empire. Les lois invoquées par les neutres sont attentatoires aux bases de notre grandeur et de notre sécurité maritimes ; elles sont un principe révolutionnaire des droits de l'homme, qui nous conduirait à renoncer à tous les avantages pour lesquels nous avons, depuis si longtemps et avec tant de profit, déployé toute l'énergie britannique. »

Non seulement le « doux commerce » n'a pas favorisé la paix, mais c'est la guerre qui a imposé la domination commerciale et financière du Royaume-Uni.

Près de deux siècles plus tard, rien n'a changé : « McDonald's ne peut prospérer sans McDonnel Douglas qui construit les F-16. Et le poing caché qui rend le monde sûr pour les technologies de la Silicon Valley s'appelle l'armée, la force aérienne, la force navale et les marines des États-Unis » (Thomas Friedman, *The Lexus and the Olive Tree*).

Une ligue des neutres (Russie, Suède, Danemark, Prusse) se constitua en 1800 pour protester avec véhémence contre le comportement impérieux de la Navy, mais l'assassinat du tsar Paul Ier calma les ardeurs de tous. Or, la nullité de la marine française rendait Napoléon dépendant du bon vouloir des neutres pour toute mesure de rétorsion. Alexandre se souvint du sort de son père lorsque les pressions de l'aristocratie russe, qui vivait du commerce avec l'Angleterre, l'incitèrent à trahir sa parole de Tilsit, et à ouvrir ses ports aux bateaux anglais. Après la défaite de l'armée russe à Friedland, le respect du Blocus continental avait pourtant été la seule exigence du vainqueur...

Même l'anglophile Talleyrand accusait les Anglais d'avoir inventé le droit de blocus : « Elle [l'Angleterre] a senti que pour réussir il ne lui suffirait pas de troubler, qu'elle devait encore s'efforcer d'interrompre totalement les communications entre les peuples. C'est dans cette vue que, sous le nom de *droit de blocus*, elle a inventé et mis en pratique la théorie la plus monstrueuse. [...] Le droit de blocus n'est applicable qu'aux places fortes.

L'Angleterre a prétendu l'étendre aux places de commerce non fortifiées, aux havres, à l'embouchure des rivières. [...] Elle a fait plus, elle a osé déclarer en état de blocus des lieux que toutes ses forces réunies étaient incapables de bloquer, des côtes immenses, et tout un vaste empire. » C'était la dictature sur les mers, mise au service du commerce.

Le Blocus continental de Napoléon n'était donc qu'une réponse au droit de blocus inventé par les Anglais. La stratégie de la Navy, de Jervis à Nelson, était d'ailleurs la même que celle de la Grande Armée sous Napoléon : elle ne visait qu'à la destruction totale des marines ennemies. Tout était sacrifié, matériel et hommes, à cet objectif.

Le Blocus continental ne pouvait pas durer longtemps ; il exaspérait les populations, les privant de sucre, coton, ou café ; il irritait les milieux financiers et les commerçants, français, mais surtout hollandais, hanséatiques ou danois, qui vivaient de la redistribution des marchandises britanniques. Alors, pour essayer de se réconcilier avec la bourgeoisie commerçante et financière – qui s'opposait à la bourgeoisie industrielle –, Napoléon allégea la rigueur du blocus. Le système des licences, instauré par Napoléon en 1810, permit à son ennemi de se fournir en céréales et lui épargna la famine.

Napoléon finança par la taxe de 50 % sur les licences les interventions en Espagne puis en Russie, mais cet argent sauva le gouvernement tory de la faillite, et du chômage de masse, des révoltes populaires. Ce blocus était entre deux âges, comme Napoléon : au XVIIIe, on l'établissait pour s'enrichir ; depuis, on le met en place pour détruire la puissance militaire de l'adversaire.

Sa mansuétude s'avéra vaine : la bourgeoisie de Bordeaux, capitale du commerce et de la traite des Nègres, alla quérir Wellington qui, en 1814, n'osait pas franchir la Bidassoa. Surtout, ce blocus le contraignit à annexer la Hollande, des villes de la Hanse ou le duché d'Oldenbourg, le poussa à envoyer ses armées partout en Europe, de Trieste à Hambourg, jusqu'en Russie, au lieu d'attendre Alexandre sur la Vistule, alors qu'il n'avait pas réglé le guêpier espagnol. Il servit la propagande anglaise qui dénonçait le conquérant insatiable. Il donna une fébrilité, un empressement et, donc, une fragilité à un impérialisme qui n'a pas pu, comme le réalisait la France depuis plusieurs siècles, assimiler tranquillement les populations conquises. Napoléon ignorait alors ce que les historiens et économistes savent aujourd'hui. L'Angleterre aurait dû « mettre les pouces » en 1812 ou 1813 ou 1815.

Tout se joua entre les années 1811 et 1812. Le Blocus continental – et d'autres circonstances économiques indépendantes de Napoléon – finit par provoquer des destructions dans l'économie anglaise. Grave crise financière, marasme industriel causé par le resserrement du crédit, chute des exportations ; la dette de l'État anglais explosa : entre 1806 et 1815, les intérêts de la dette passèrent de 22,4 à 31,4 millions de livres Sterling et les remboursements de 39,4 à 74 millions de livres par an ; on frôla la famine à Londres, en 1811, qu'on évita de justesse... par l'importation des blés français. Car la crise anglaise avait provoqué à son tour en Europe, et en

France, une série de faillites, dans le textile, suivies d'une crise agricole. Les deux ennemis s'entendirent sans l'avouer en harmonisant tacitement les fameuses licences par l'intermédiaire des banques. Colère de Napoléon devant une Angleterre au bord du gouffre sauvée par les libertés prises par les Russes avec le blocus.

Il s'en est fallu de rien. À partir de 1812, l'affrontement avec les Américains – la « deuxième guerre d'Indépendance » justement causée par la révolte commerciale des Américains contre la tyrannie maritime anglaise – prouva au monde et aux Français en particulier que, contrairement à ce que ces derniers croyaient, la Royal Navy n'était pas invincible. Peu de temps avant sa mort, Nelson, observant les frégates américaines, avait vu juste : « Quand on voit comment ces navires manœuvrent, on peut penser que la marine anglaise aura un jour des problèmes. »

Napoléon dépensait une énergie insoupçonnée à reconstruire une marine après le désastre de Trafalgar. Il avait entrepris à l'échelle de l'Empire la constitution de bases navales et d'arsenaux capables de rivaliser avec la puissance anglaise. On sait que Napoléon misait beaucoup sur Anvers, pour laquelle il avait des vues pharaoniques. Napoléon reconstruisit aussi Flessingues après le raid anglais de 1809 ; il poursuivit la construction de la digue de Cherbourg, dont il voulait faire un Portsmouth français ; il développa Le Havre, Dunkerque, Calais, Dieppe, Gravelines, Ostende ; il améliora les accès de Brême, Hambourg, Lübeck ; il agrandit le port de Venise ; Gênes lui doit son arsenal, et il rêvait d'en créer un à Cuxhaven sur l'Elbe ou à Ancône en Adriatique, et même

à Kotor, au fond de son fjord. Mais il manqua à Napoléon
les moyens techniques modernes et des finances illimi-
tées. Et surtout du temps.

« L'exemple des Américains nous indiquait clairement
la voie à suivre ; l'ascendant maritime insensiblement se
déplaçait. Nous reprenions courage ; l'ennemi, au
contraire, perdait peu à peu la foi qu'il avait eue
jusqu'alors dans la puissance des armes… », écrit Julien
de La Gravière… en 1814.

L'Angleterre a vu la mort en face. Jusqu'au bout, Napoléon a ignoré à quel point sa stratégie était sur le point
de réussir. D'où le décalage entre le vaincu qui, après
Waterloo, croit naïvement que son ennemi l'accueillera
généreusement sur son sol et le rude exil à Sainte-Hélène.
L'Angleterre fut féroce et implacable ; à la hauteur de sa
frayeur et du gouffre qu'elle avait cotoyé.

Les exigences de l'Angleterre lors de la négociation du
traité de Vienne donnèrent rétrospectivement raison à
Napoléon. Les Anglais obtinrent que leur allié prussien
leur cède un certain nombre de territoires pour agrandir
le royaume de Hanovre, berceau de leur famille royale.
Ainsi l'Angleterre put-elle contrôler les estuaires de l'Allemagne du Nord qui donnaient accès à l'espace germanique, le reste du rivage de la mer du Nord revenant à ses
alliés de Hollande et de Hambourg. L'Angleterre avait
retenu les leçons du Blocus continental : libre enfin
d'envahir l'Allemagne de ses produits, elle revendiqua et
obtint les places où Napoléon postait ses douaniers.

Deux modèles économiques s'étaient affrontés.

L'Angleterre a beau avoir amorcé son industrialisation
la première dans le monde, elle privilégiait avant tout le

commerce. Même quand elle deviendra l'« atelier du monde », l'industrie restera chez elle seconde par rapport au commerce. La domination anglaise reposait sur un trépied : commerce, marine, et finance. Même si Napoléon s'était entouré de financiers fort brillants, tels Mollien et Gaudin, qui inventèrent des instruments sophistiqués pour financer continûment les besoins de la Grande Armée, Napoléon refusa obstinément de recourir à l'emprunt public. Jusqu'à Sainte-Hélène, il poursuivit de sa vindicte « la dette effroyable de l'Angleterre » et le « système pestilentiel des emprunts ».

Napoléon confia à Caulaincourt : « Si la dette de l'Angleterre était moins considérable, peut-être serait-elle plus raisonnable. C'est le besoin de la payer, de soutenir son crédit qui la pousse. Plus tard, il faudra bien qu'elle prenne un parti sur cette dette. En attendant, elle lui sacrifie le monde. On s'en apercevra avec le temps ; les yeux se dessilleront, mais il sera trop tard. Si je triomphe d'elle, l'Europe me bénira. Si je succombe, le masque dont elle se sert sera bientôt tombé et on s'apercevra alors qu'elle n'a pensé qu'à elle et qu'elle a sacrifié la tranquillité du continent à son intérêt du moment. »

On croit entendre un jugement d'aujourd'hui sur les États-Unis.

Les choix napoléoniens étaient conditionnés par la mauvaise réputation de l'État français, depuis les délires inflationnistes des assignats révolutionnaires ; mais on sent bien que sa méfiance pour les financiers est instinctive et profonde. Avec une grande pénétration, Stendhal (chargé de l'approvisionnement de la Grande Armée lors de la campagne de Russie) note que le mépris longtemps manifesté par l'Empereur pour les « fournisseurs » fut une des causes majeures de la catastrophe russe. Il se méfiait des « gens d'affaires », les Ouvrard, Vanlerberghe, Desprez, Michel, qu'il accusait parfois à juste titre de spéculer contre notre monnaie. Sa méfiance si française des financiers a monté cette corporation internationalement puissante contre l'Empire, tandis que l'Angleterre faisait du crédit une arme de guerre. Elle contraignit Napoléon à accroître la charge fiscale en France et à pressurer l'Empire, finissant par exaspérer les populations jusqu'alors les mieux disposées au départ à notre endroit, Italiens, Rhénans, Belges.

Incroyable combat – entre la terre et la mer, disait Napoléon – entre deux modèles qui nous rappelle bien sûr l'opposition si moderne entre le capitalisme anglo-américain – et ses dépendances atlantiques, irlandaises ou espagnoles –, qui repose sur l'endettement massif, la spéculation immobilière, l'inventivité financière, et le capitalisme continental, toscan, rhénan, et français, qui continue vaille que vaille, d'Airbus à Mercedes, d'Areva à la machine-outil allemande ou aux voitures Fiat, de privilégier le savoir-faire industriel, mais qui, ces vingt dernières années, dut s'incliner, comme Napoléon en 1815, devant la puissance de feu financière des Anglo-Américains, avant que le « système pestilentiel des emprunts », comme disait l'Empereur, ne finît par engloutir, lors de la crise de 2008, la City et Wall Street, comme une malédiction biblique.

Le blocus napoléonien créait un espace économique optimal et protégeait l'industrie naissante française, mais aussi rhénane, hollandaise, piémontaise (même si le système des licences privilégia trop les intérêts de l'empire français) contre un libre-échange qui favorise toujours la puissance en avance, en l'occurrence l'Angleterre. La France avait déjà expérimenté à son détriment ce que Friedrich List devait théoriser quelques années plus tard sur le nécessaire protectionnisme « des économies dans l'enfance » : le traité de libre-échange de 1786 entre la France et l'Angleterre avait en effet provoqué d'énormes dégâts dans l'industrie manufacturière française. Vivant à Paris, écrivant en français aussi bien qu'en allemand, List ne tarissait pas d'éloges sur ce Blocus continental napoléonien. Il le donna en exemple aux Allemands dans les années 1820 quand ils ébauchèrent le Zollverein. Il les incita à se méfier de la domination anglaise. Résidant aux États-Unis entre 1825 et 1832, il encouragea de même le pouvoir américain à élever des barrières douanières très élevées pour édifier une industrie américaine encore dans les limbes. Une fois encore, le combat entre Napoléon et les Anglais fut la matrice de tout le siècle qui s'annonçait et de la grande lutte entre libre-échange et protectionnisme.

Sous la Restauration, les douanes françaises poursuivirent la même politique que sous l'Empire. Les troupes d'occupation de 1815 étaient considérées comme des « boutiques » de produits de contrebande. Le protectionnisme de la Restauration ne fut pas moins rigoureux que le Blocus continental ; mais le grand marché avait disparu, ne restait que l'Hexagone. La France de 1811 édifiait un grand marché qui avait besoin de protections pour se développer à l'abri de la mortelle concurrence de l'Angleterre « mondialisée ». Sous la Restauration, le protectionnisme, replié sur un territoire exigu, devint une arme réactionnaire, qui avait pour principal objectif de défendre les positions économiques et sociales des traditionnels soutiens de la monarchie ; même une union douanière avec la Belgique fut repoussée.

Les ports de l'Atlantique souffrirent de nouveau ; Bordeaux avait l'impression qu'elle avait fait un triomphe aux Bourbons pour rien. Certains envisagèrent même une sécession douanière, préfigurant le conflit américain. Les Anglais envoyèrent en France dans les années 1830 un lobbyiste talentueux, John Bowring, faire des tournées de promotion pour le libre-échange. Il fut accueilli triomphalement à Bordeaux ; il se répandit dans les journaux parisiens ; polémiqua avec des ministres protectionnistes comme Thiers. Dans son livre passionnant sur *L'Identité économique de la France*, David Todd conte le destin hors du commun et exemplaire de ce John Bowring : « Après sa mission en France, son gouvernement l'enverra promouvoir la réduction des restrictions douanières en Suisse, en Italie, en Allemagne, en Égypte, au Siam et en Chine. Sa ferveur l'amènera à faire bombarder la ville de Canton en 1856, pour forcer l'empire du Milieu à s'ouvrir au commerce international, et déclenchera ainsi la seconde guerre de l'Opium entre la Grande-Bretagne et la Chine. »

Le libre-échange, c'est la guerre. Un combat. Une mission sacrée. Un sacerdoce. Une croisade. Une religion. Comme le puritanisme du XVIIᵉ siècle de Cromwell avait béni la première révolution industrielle anglaise, la mystique religieuse, surtout calviniste à tendance évangélique, porta l'établissement du libre-échange en Grande-

Bretagne. Le Premier ministre Peel, qui abolit les Corn Laws en 1846, voyait dans la loi du marché un mécanisme divin. En France, de même, Bastiat, le théoricien libéral le plus brillant et le plus fougueux, avait envisagé de se faire prêtre, avant de brandir le libre-échange comme l'ultime liberté attendue par le monde dans un enthousiasme messianique. Plus prosaïques, les financiers de la City comprirent à cette époque que le libre-échange était le meilleur moyen de gouverner l'Empire britannique, et de détruire les rivaux, qu'ils soient indiens ou américains. Enfin, l'abolition des Corn Laws marque pour les Anglais la fin de la suprématie aristocratique sur l'agriculture anglaise, et l'avènement de petits propriétaires. Le libre-échangisme britannique fut donc progressiste et démocratique ; il accompagna la revendication pour le suffrage universel. C'est le vrai 1789 anglais, l'équivalent de notre vente de biens nationaux.

En France, au contraire, pays de petits propriétaires, on a bien compris que le libre-échange protégeait les intérêts commerciaux associés à la monarchie restaurée ; et aux intérêts géopolitiques des Anglais.

Napoléon était engagé dans une guerre sans fin avec l'Angleterre, une guerre jusqu'à la destruction du perdant. Une fois encore, Napoléon avait cent ans d'avance. Que seront les guerres de l'Allemagne contre la France, puis de l'Amérique contre l'Allemagne et le Japon, sinon des guerres de destruction absolue ?

De même que le Blocus continental tentait de détruire l'économie anglaise, la stratégie anglaise consistait à perpétuer la guerre sur le continent pour épuiser les ressources de la France.

La France s'écroula la première. Alors que le territoire
national est attaqué, que le génie de Napoléon est intact,
et qu'il a de Moscou demandé qu'on lui livre une nouvelle fournée de soldats, elle refuse désormais de donner
ses enfants à l'Ogre corse. Les désertions se multiplient,
les jeunes hommes se mutilent, fuient dans les bois :
« Mais à force de frapper, il brise l'épée de la France. Les
âmes, comme la matière, ont des limites. Et, tandis que
rien ne le désespère et qu'il prétend toujours forcer la
fortune, il se trouve tout à coup sans soldats, sans armes,
et voit se former, grossir, déferler, la vague des mal-
veillances, des lâchetés, des trahisons, qui submerge son
génie » (Charles de Gaulle, *La France et son armée*).

Par les guerres de la Révolution et de l'Empire, la
France, par un effort surhumain, avait joué son va-tout et
tenté de rattraper son retard économique sur une Angleterre qui avait amorcé son industrialisation, au tournant
des années 1780, pendant que la France demeurait une
nation agricole. Mais au prix d'un retard économique
plus grand causé par vingt-cinq années de révolutions et
de guerres qui désorganisèrent l'économie nationale. Un
« tapis » au poker. L'Angleterre, au prix d'une magnifique
résistance, alimenta la guerre des autres Européens pour
éliminer son seul rival.

Napoléon constata avec dépit que les voisins continentaux de la France servirent ingénument la domination
impériale anglaise, en croyant combattre la domination
impériale française. Le vrai puissant n'était pas celui
qu'on croyait. Ils furent tous victimes d'une illusion
romantique et épique – que Marx pressentit – qui leur fit
croire que l'imperium était dans les mains du dieu de la

Guerre alors qu'il était passé subrepticement dans celles du dieu du Commerce.

Alors qu'il sent que son destin chancelle, après sa défaite à Leipzig, Napoléon n'a jamais été aussi clair-voyant : « C'est, de fait, pour les plus chers intérêts de l'Europe que je combats maintenant et que j'exige tant de sacrifices de la France. J'ai la prévoyance d'un sage politique, tandis que les autres souverains n'ont que l'aveuglement d'une peur, d'une peur sans fondements. Ils semblent ne craindre que la puissance de la France, tandis que cette France peut seule défendre les libertés commerciales de l'Europe. L'ancien équilibre n'existant plus, les vieilles routines ne peuvent y ramener. Tout est déplacé, changé, rajeuni dans le monde. Il faut donc ouvrir de nouvelles routes. Si les cabinets approfondis-saient ces questions, on apprécierait mes efforts au lieu de s'en inquiéter. En me secondant franchement, on serait moins froissé et l'on arriverait plus tôt au but. Je n'en ai qu'un : c'est la paix avec l'Angleterre, c'est-à-dire la paix générale. Sans cette paix, les autres ne sont que des trêves…

« Je veux profiter de l'occasion pour vider cette vieille querelle du continent avec l'Angleterre. De pareilles cir-constances ne se retrouveront plus. [...] Si j'avais la fai-blesse de céder sur certains points pour faire une mauvaise paix, avant quatre ans le continent me la reprocherait. »

La victoire de Waterloo consacrait le changement d'époque et l'avènement des nouveaux maîtres du monde. Le diplomate suisse Jean-Gabriel Eynard explique perti-nemment : « La gloire de Wellington passera aux siècles des siècles. Sa victoire a des résultats trop importants pour que rien puisse l'affaiblir. La postérité dira que c'est depuis ce jour, 18 juin, que la puissance française a été réellement anéantie. [...] Les Anglais par terre et par mer sont aujourd'hui le premier peuple. Ils ont la gloire d'avoir renversé deux fois le colosse français. »

À Londres, des fêtes inouïes durèrent trois jours. Le nom, les armes, le portrait du duc de Wellington furent affichés en lettres de feu sur tous les murs de la ville. À Paris, Mme de Staël glorifiait le premier général d'un siècle où avait vécu Napoléon. Elle ouvrait le bal de ces intellectuels français libéraux et progressistes qui ne cessèrent depuis lors de se chercher un maître étranger, qu'il soit anglais, allemand, russe, américain. Et demain, chinois, indien, arabe ?

La « légende » de la fortune de Nathan Rothschild à Waterloo symbolisait le nouveau cours du monde : l'Angleterre et la City avaient abattu leur plus farouche adversaire. On ne sait si Nathan Rothschild fut présent en personne à Waterloo, ou s'il bénéficia de son réseau d'agences efficaces à Ostende, Dunkerque, Calais, et de son service de chevaux remarquable. On lui apporta la nouvelle de la victoire de Waterloo dans la nuit du 19 au 20 juin, à Londres, ce qui lui permit d'acheter à terme les billets de l'Échiquier à 3 % pour les revendre le 28 au prix fort.

Ce fut une guerre militaire, économique, financière, commerciale, mais aussi idéologique. La première guerre totale de l'histoire. Les services anglais expérimentèrent même, avec Napoléon, ce que les Alliés réussiront en grand avec les Allemands au cours des deux guerres du xxe siècle : la diabolisation morale de l'ennemi. À la fois ogre et antéchrist, Napoléon finit comme «ennemi de l'humanité». Avec Napoléon, les Anglais ont en quelque sorte inventé l'«hitlérisation» de leur adversaire. Dans un célèbre et savoureux film intitulé *Drôle de drame*, Françoise Rosay avertissait Louis Jouvet : «À force d'écrire des choses horribles, elles finissent par arriver.»

À sa chute, Napoléon n'incarnait plus la liberté née avec la Révolution, «l'esprit du monde à cheval», mais finit sous les traits du conquérant insatiable, du tyran, de l'oppresseur des peuples. La France passa du statut de grande sœur émancipatrice à celui de nation bottée et casquée. *Vae victis*. Napoléon expérimentait, avant d'autres, l'extrême difficulté d'apporter la «liberté» et le «progrès» par la force. Napoléon perdit finalement la guerre d'image, avant de prendre une éclatante revanche, après sa mort. Mais c'était trop tard… pour la France.

Alimentés par les confessions tardives faites à Thiers par Metternich, qui tenait à «blanchir» aux yeux de la postérité l'attitude fielleuse de l'«allié» autrichien, d'innombrables livres accusèrent ensuite Napoléon d'avoir causé sa propre perte – et celle de la France – par sa raideur, son orgueil, ses concessions toujours à contretemps. Pourtant, à propos des négociations de paix de 1813, qui précédèrent la bataille des nations à Leipzig, et dont la propagande anglo-autrichienne mit l'échec sur le dos de Napoléon qui aurait refusé une «paix avantageuse», le grand historien Albert Sorel écrivit : «Le doute n'est pas permis. Ce que veulent les coalisés, c'est la destruction du Grand Empire, la ruine de la suprématie française, le refoulement de la France dans les anciennes limites et, comme consécration définitive,

la déchéance de Napoléon [...]. En réalité, ce que Napoléon défend sur l'Elbe, ce qu'il va perdre inévitablement,
ce sont ces têtes de pont, ces avant-postes que le Comité
de salut public de l'an III et le Directoire avaient successivement dessinés sur la carte, conditions de la conquête
et de la conservation des limites naturelles. »

Napoléon, seul, avait parfaitement compris la brillante
manœuvre stratégique de la diplomatie britannique.

Lors de la conférence de Châtillon, après sa victoire
de Montmirail en 1814, dont on l'accusa de refuser les
propositions, il éructa : « C'est la réalisation du rêve de
Burke, qui voulait faire disparaître la France de la carte
de l'Europe. Il n'est pas un Français qui ne préférât la
mort à subir des conditions qui nous rendraient esclaves
de l'Angleterre et rayeraient la France du nombre des
puissances. Jamais je ne céderai Anvers. » « J'ai là un pisto-
let chargé au cœur de l'Angleterre. » « La place d'Anvers,
ajoutera-t-il à Sainte-Hélène, est une des grandes causes
pour lesquelles je suis ici ; la cession d'Anvers est un des
motifs qui m'avaient déterminé à ne pas signer la paix de
Châtillon. »

Malheureusement, il n'avait plus alors de cavalerie – perdue dans les neiges russes – pour achever des ennemis
qu'il bousculait encore par l'habileté intacte de son génie
manœuvrier ; et plus son audace juvénile, pour foncer
sur Vienne, alors même que ses adversaires encore tétanisés par la frayeur viscérale que son seul nom leur inspi-
rait (et le souvenir cuisant de l'échec de l'offensive de
1792) hésitaient à se ruer vers Paris.

Jusqu'à ce que Talleyrand leur fasse porter ce message
sibyllin : « Voulez ce que vous voulez. »

En 1815, les Prussiens exigèrent la ligne des Vosges ; les Hollandais, la Flandre française. Même les Anglais se laissèrent aller à réclamer quelques forteresses frontières, y compris Lille. Blücher voulut mettre à exécution la vieille menace de Brunswick qui avait conduit à Valmy et ouvert le cycle des grandes victoires françaises : détruire Paris ! Seul Wellington comprit que cette férocité archaïque était inutile, qu'il suffisait de remettre Louis XVIII sur le trône de France, que seul le Bourbon pouvait accepter stoïquement cette France de Louis XV, alors que tout autre élu, même s'il n'était pas Napoléon, refuserait ces frontières indéfendables et reprendrait la voie escarpée des conquêtes et des guerres.

Napoléon sous-estimait encore la diplomatie britannique. Les Anglais, avec l'aide de Talleyrand, empêchèrent le dépècement de la France, réclamé par les Prussiens, sur le modèle polonais. Leur plan était bien plus subtil. Ils ne rayèrent pas la France de la carte, seulement du nombre des puissances. Talleyrand, comme son maître Vergennes, était favorable au concept d'« équilibre européen », sans se rendre compte (ou faisant contre mauvaise fortune bon cœur) que ce système était conçu pour pérenniser la mondialisation sous domination anglaise. Le traité de Vienne rendit à la France son territoire du temps de Louis XV, ce qui ne scandalisa ni Louis XVIII ni Talleyrand qui y avaient vécu, heureux, leur jeunesse. Mais la France de Louis XV n'était plus adaptée aux nouvelles conditions géostratégiques mondiales nées au XVIIIe siècle, et qui s'épanouiraient au cours des deux siècles suivants. Les Anglais réalisaient ainsi le coup parfait : la France était encore assez forte pour contenir la poussée unitaire continentale (re)partie de la Prusse, (comme on le verra en 1914), mais plus assez pour s'asseoir à la table des grands joueurs mondiaux… d'hier, d'aujourd'hui, et de demain.

Napoléon avait prévenu les Français : « Dans ce monde, il n'y a que deux alternatives : commander ou obéir. »

CHAPITRE 4

Le Chancelier

Le 8 juillet 1815, les Prussiens entrèrent pour la première fois aux Tuileries. En 1871, ils festoyèrent à Versailles, faisant leur nid dans tous les palais français de
leurs phantasmes, effaçant Louis XIV après Napoléon. En
1914, ils s'empressèrent de se répandre au nord de la
Loire ; mais leurs généraux, empreints d'une exaltation
nietzschéenne à l'idée d'imiter Bonaparte dans ses légen-
daires guerre éclair, permirent le sauvetage miraculeux de
la bataille de la Marne. En 1940, ils réussirent ce qu'ils
avaient manqué en 1914 ; et, en 1942, ils installaient leurs
canons sur la Méditerranée. À leur tour ils pouvaient clamer *Mare nostrum*. On pourrait filer la métaphore méditerranéenne jusqu'à nos jours. À partir des années 1970,
privés de la puissance militaire, les Allemands se servirent
de leur canon monétaire pour investir dans les rivages
bétonnés de la Belle Bleue. Aujourd'hui, touristes et retrai-
tés allemands l'envahissent pacifiquement.

Dans son dernier livre, *Achever Clausewitz*, René Girard applique sa célèbre grille de lecture du « désir mimétique » aux relations franco-allemandes et fait de la bataille d'Iéna, en 1806, le pivot de l'histoire européenne des deux derniers siècles.

Iéna fut l'heure de gloire du maréchal Davout, qui entra le premier à Berlin, et devint duc d'Auerstaedt. Dans la mémoire collective, on préfère Austerlitz, où le talent manœuvrier de Bonaparte se déploie à son zénith. Pourtant, Iéna fut un modèle de guerre éclair, même si le « génial calculateur » commit une légère erreur d'appréciation : le gros de l'armée prussienne n'était pas à Iéna face à lui, mais à Auerstaedt, où Davout l'affronta à un contre trois. Et vainquit. Pendant des jours et des jours, Napoléon poursuivit implacablement l'armée prussienne pour en détruire les restes. Le général prussien Blücher n'oublia jamais cette humiliation. Avec sa fureur excessive, il incarne le désir féroce des Prussiens de rétablir l'honneur perdu de Frédéric le Grand. Après Waterloo, où il avait sauvé Wellington de la défaite, il entendit châtier Paris et les Parisiens, avec d'autant plus de rage qu'il avait encore été bousculé à Ligny et, blessé, avait failli se faire prendre par les cuirassiers de Milhaud, ne devant son sauvetage qu'au manque de cavalerie française, et à la désinvolture criminelle de Grouchy.

Il se souvint de tout cela quand, occupant Paris, il donna l'ordre de miner les ponts d'Iéna et d'Austerlitz, et l'Arc de Triomphe qui lui rappelait la porte de Brandebourg. Sa pyrotechnie se perdit dans un ridicule rideau de fumée au-dessus du pont d'Iéna. En dépit des mensonges élégants de Talleyrand, Louis XVIII n'a jamais menacé de se rendre comme victime expiatoire sur le pont d'Iéna. Wellington, puis les empereurs d'Autriche et de Russie ont arrêté la main d'un Blücher furieux : « Je suis le roi de Paris, ici personne d'autre n'a à commander ! On m'a librement donné le pouvoir ; j'ai tenu ma parole et conquis Paris. Si nous n'affamons pas les Français, nous les aurons à nouveau au bord du Rhin d'ici à un an ! »

Pour René Girard, les Prussiens n'ont réglé leur compte avec leur défaite d'Iéna qu'en juin 1940.

Alors, l'armée française fut détruite. Comme l'armée prussienne à Iéna. Hitler sauta de joie. Parada dans Paris à l'aube. Découpa la France en morceaux sur le plan que proposait le Prussien Hardenberg en 1815 ; à la manière brutale et expéditive avec laquelle Napoléon avait remodelé le territoire de la Prusse à sa guise. En 1815, Hardenberg voulait « exterminer l'exterminatrice ». Cent trente-cinq ans plus tard, le grand philosophe Bergson écrivait à son disciple le général en chef des armées françaises, Gamelin, dans une lettre du 3 février 1940 : « Quoiqu'il ait déclaré, depuis un certain nombre de mois, que l'Angleterre était pour lui l'ennemi n° 1, c'est la France qu'Hitler a toujours détestée et qu'il déteste encore le plus ; c'est d'elle qu'il poursuit, avant tout, l'anéantissement. »

La Prusse est allée au bout de sa logique mimétique vis-à-vis de la France, jusqu'à l'hystérie hitlérienne.

On pourrait en effet résumer l'histoire européenne du XIXe à cette lente, laborieusement méthodique, mais irrésistible aventure : comment l'Allemagne reprit le flambeau – des mains désormais débiles de la France vaincue à Waterloo – de l'unification du continent européen. Berlin finit elle aussi par aspirer à devenir la nouvelle Rome.

Imitant la France admirée et haïe en tout et jusqu'au bout, la Prusse entreprit à son tour de résoudre la question d'Occident posée depuis le traité de Verdun (843). Ce n'est pas seulement la construction nationale française que l'Allemagne imite. L'État-nation, et même le nationalisme, tant vilipendé aujourd'hui, ne sont qu'un moyen, pas un but. « Au début était Napoléon », a écrit le grand historien allemand Thomas Nipperdey. Il n'a pas écrit : Au début était Louis XIV. Ou au début était Louvois, qui fit brûler le Palatinat, et la magnifique ville d'Heidelberg.

L'Allemagne était pourtant une miraculée de l'histoire ; elle arrivait bien tard au banquet des nations. N'aurait jamais dû naître. Quand on le traitait de rêveur, le père du sionisme, Theodor Herzl, qui admirait Bismarck, répondait : « Savez-vous avec quoi s'est construit l'empire allemand ? Avec des rêves, des chants, des fantasmes et des rubans noirs, rouges et or. Bismarck n'a fait que secouer l'arbre planté par les rêveurs. »

Les intellectuels français prirent une part prépondérante à cette invention de l'Allemagne. Mme de Staël fit de l'Allemagne l'antithèse de la France napoléonienne, opposant une nation bottée, casquée, militariste, d'une virilité exacerbée et brutale, sans états d'âme ni pitié, à une Germanie toute de douceur féminine, pleine de doux rêveurs dédiant leur vie à la musique, l'art et l'amour, la philosophie et la science. Son livre éponyme fut interdit par l'Empereur ; mais cette « teutomania » courut tout au long du XIXe siècle. Michelet, Victor Hugo, Renan, Taine, tous vantèrent sans se lasser le pays de Goethe et Beethoven. Chaque fois que l'un d'entre eux se rendait à Berlin, il était épouvanté par ce qu'il voyait.

Durant un séjour en 1870, Taine déclara que « l'Alle-magne était prête pour l'esclavage ». Mais, de même qu'au xxᵉ siècle « il ne fallait pas désespérer Billancourt », au xixᵉ on jugea « antilibéral » de s'opposer à l'unification allemande, inévitable préalable à la Confédération euro-péenne chère à Victor Hugo.

Avant 1870, la gauche française sous-estima délibéré-ment la menace prussienne : « Pour moi, je ne crois pas la guerre prochaine, car la Prusse n'a pas intérêt à faire la guerre à la France », déclara un des principaux chefs républicains, Jules Simon. « L'armée allemande est une armée essentiellement défensive », prétendit Émile Ollivier, devenu ministre « d'ouverture » de l'Empereur, car venu des rangs de son opposition républicaine à la veille de la guerre.

Même après 1870, on pleura les frontières perdues, mais on ne dénigra pas l'Allemagne. Au contraire, on la prit pour modèle. Même chose après 1918. Dans les années 1920, les surréalistes criaient : « À bas la France ! vive l'Allemagne ! » Et encore dans les années 1960.

Cette fascination allemande prit bien sûr toute son ampleur pendant les années d'occupation, qui méritent un chapitre particulier. Mais cette période ne fut pas, contrairement à ce qu'on croit, une exception, au milieu de décennies d'hostilité et de haine ; plutôt un moment incandescent d'une tendance séculaire. Modèle politique dans les années 1930, modèle économique des années 1950, modèle monétaire depuis les années 1970, l'Alle-magne est, pour les élites françaises, une sorte de sur-moi. Dans son livre *Mitterrand et la réunification allemande*, Tilo Schabert décrit l'étonnement du chancelier Helmut

Kohl lorsqu'il entendit François Mitterrand évoquer dès son premier mandat l'inévitable unification de la nation allemande, alors que le Rhénan savait bien que ses compatriotes s'étaient longtemps appelés *Musspreussen*, « Prussiens malgré eux ». Tandis que son prédécesseur Helmut Schmidt estimait que la « réunification n'était pas souhaitable », Kohl ne l'imaginait pas possible « avant plusieurs générations » ; Mitterrand paraissait le plus pressé. En vérité, Mitterrand incarnait jusqu'à la quintessence la contradiction française à l'égard de l'Allemagne depuis deux siècles. Helmut Kohl le notait lors de l'effondrement du mur de Berlin en 1989 : « Deux cœurs battaient dans la poitrine de Mitterrand. L'un pour la dimension révolutionnaire des manifestations en RDA ; l'autre pour la France, pour ce que seraient son rôle et sa position si l'Allemagne se réunifiait. » Margaret Thatcher, qui avait tout fait pour le rallier à son opposition virulente à la réunification, le traita de « schizophrène ». La « nation » allemande, vue par les élites françaises, est depuis deux siècles une projection du moi français sur une Allemagne transformée en une France idéale. Les rôles sont inversés, mais le désir mimétique demeure.

Dans sa monumentale histoire diplomatique, l'ancien secrétaire d'État américain Henry Kissinger compara les traités de Vienne en 1815 et de Versailles en 1918. Au désavantage de ce dernier. Il expliqua doctement que l'Allemagne fut beaucoup trop maltraitée, ce qui entraînerait ruine, humiliation, désir de revanche. Thèse devenue banale depuis Keynes. En revanche, le congrès de Vienne de 1815 était paré par lui de toutes les vertus, car il aurait respecté l'intégrité et l'honneur français. Permis un siècle de paix. Et si c'était exactement le contraire ? Et si le traité de Vienne avait été à l'origine des deux guerres mondiales qui ensanglantèrent le XXᵉ siècle ?

La querelle sémantique du congrès de Vienne tourna autour des notions confuses d'« anciennes limites » et de « frontières naturelles ». Les « anciennes limites » étaient celles du royaume de France avant la Révolution ; les « frontières naturelles », les Alpes, les Pyrénées et la rive gauche du Rhin, conquises par... la Révolution, et que Napoléon, le jour de son sacre, avait juré de défendre. Quoi qu'ils en aient dit, les Alliés, et surtout l'Angleterre, avaient toujours combattu pour le retour aux « anciennes limites ».

Ce distinguo sémantique engageait l'avenir de la France et de l'Europe. Avec ses « frontières naturelles », la France continuait de dominer le continent ; elle demeurait un géant à l'échelle des temps nouveaux qui s'annonçaient ; enfermée dans ses « anciennes limites », elle était condamnée aux souffrances sans fin de l'exiguïté, cherchant désespérément un protecteur, ne maîtrisant plus son destin.

Le congrès de Vienne bien sûr choisit les « anciennes limites ». Les historiens ont raconté ces négociations cent fois : les Prussiens à qui les Anglais « offrent » la Rhénanie et la rive gauche du Rhin ; ils renâclent, craignant sans doute de se retrouver face à l'armée française, et préfèrent la Saxe ; mais le roi de Saxe est un cousin de Louis XVIII ; Talleyrand s'accroche et sauve son trône. Pendant tout le XIXᵉ siècle, on le lui reprocha : c'est par la Rhénanie que les Prussiens nous attaqueront en 1870. Les découvertes de houille en Sarre aviveront encore la fureur française.

Le grand historien d'avant guerre Louis Madelin exhibait comme preuve de la perfidie britannique et de la faiblesse coupable de Talleyrand cette lettre de Castle-reagh à son ministre des Affaires étrangères Liverpool :

« Je suis toujours porté à reprendre la politique que M. Pitt avait si fort à cœur et qui consiste à mettre la Prusse en contact avec les Français sur la rive gauche du Rhin. » Il refusait d'établir le roi de Saxe sur la rive gauche et de « donner ainsi un allié à la France ». Il préférait y mettre les Prussiens, éviter ainsi « tout renouveau du militarisme français » et « contrecarrer l'inévitable désir de la France de reprendre Anvers ».

Le dernier biographe de Talleyrand, Emmanuel de Waresquiel, défend au contraire farouchement son sujet ; il note que Sadowa (1866) précède Sedan (1870) et non l'inverse ; alors, et alors seulement, la conquête de la Saxe, par la victoire de Sadowa, donna à la Prusse une cohérence stratégique qui la rendit d'autant plus redoutable pour la France. Talleyrand est donc innocent. Il a bien œuvré pour la paix.

Intéressante querelle des historiens à distance : au XIXᵉ siècle, jusqu'en 1945, qu'ils soient républicains ou monarchistes, progressistes ou réactionnaires, les historiens vilipendaient Talleyrand et sa conduite à Vienne. Ils lui reprochaient d'avoir vendu la rive gauche du Rhin et ruiné les espoirs de domination européenne de la France. Seul Thiers reconnaissait qu'entre la Saxe et la Rhénanie, Talleyrand avait eu le choix entre la peste et le choléra ; il n'était pas en position de force. Mais Thiers était aussi un homme politique ; jeune homme, il avait même été formé par un Talleyrand vieillissant qui se retrouvait dans ce jeune journaliste talentueux et ambitieux. Et tous les politiques, tous ceux qui lui succéderont au quai d'Orsay, admireront le « diable boiteux ». Les historiens d'aujourd'hui rejoignent les politiques et les diplomates. Au XIXe siècle, les historiens français avaient encore le souvenir de la gloire passée et la nostalgie de la puissance perdue. Nos contemporains ont inconsciemment accepté l'abaissement de la France ; leur valeur suprême n'est plus la puissance de notre pays, mais la paix et l'Europe. On dira qu'ils sont plus près de Caillaux que de Clemenceau, de Briand que de Poincaré ; et, pour remonter plus loin, plus près de Talleyrand que de Napoléon, de Louis XV que de Louis XIV, de Fénelon que de Bossuet. Fénelon peut nous bénir tranquillement, place Saint-Sulpice : il a fini par gagner sa partie contre le Roi-Soleil ; son élève, le duc de Bourgogne, traité de lâche à son époque parce qu'il craignait le feu, est absous, au nom du souverain bien : la paix.

Quand Talleyrand arriva à Vienne en 1814, il écrivit à Mme de Staël : « Je ne sais pas ce que nous ferons ici, mais je vous promets un noble langage. » Après avoir bien manœuvré, joué l'Angleterre et l'Autriche contre la Prusse et la Russie, Talleyrand écrivit à Louis XVIII : « La France n'est plus isolée en Europe. » Talleyrand avait posé les deux règles d'or de la diplomatie française de notre temps.

Homme du passé, malgré sa brillante intelligence, il ne pouvait imaginer que la France de sa jeunesse, celle de Louis XV, enfermée dans ses « anciennes limites », n'aurait plus les moyens d'être la puissance dominante en Europe. Il avait des excuses. L'Allemagne n'existait pas encore. Il rêvait qu'une France renforcée pût revendiquer de nouveau « ses frontières naturelles ».

Mais l'alliance avec l'Angleterre ne pouvait être accep-
tée par Londres qu'au prix de la sujétion française. Il voulut croire qu'en échange de la ruine de l'Empire français il
obtiendrait la fin de la domination anglaise sur les mers.
Il admirait trop le régime anglais, libéralisme et parlementarisme, pour souhaiter écraser notre impitoyable
adversaire. Lorsque le Blocus continental avait menacé
sérieusement l'Angleterre, il s'était écrié, affolé : « C'est la
fin de la civilisation. » Il était prêt à tout pour sauver une
certaine idée de l'Europe. Même à trahir : « Sire, que
venez-vous faire ici ? C'est à vous de sauver l'Europe, et
vous n'y parviendrez qu'en tenant tête à Napoléon. Le
peuple français est civilisé, son souverain ne l'est pas ; le
souverain de Russie est civilisé, son peuple ne l'est pas ;
c'est donc au souverain de la Russie d'être l'allié du peuple
français. » On connaît ces mots célèbres lancés au tsar
Alexandre à Erfurt en 1809, alors que Napoléon, enfoncé
dans le bourbier espagnol, sur une idée de Talleyrand –
« Faites comme Louis XIV », lui avait-il suggéré ! –, n'a
jamais eu autant besoin de son allié de Tilsit.

Après la chute de Napoléon, ses successeurs s'agitèrent
en mouvements désordonnés et spasmodiques comme
des mouches emprisonnées dans la toile d'araignée du
congrès de Vienne. Notre pays ne parvint pas à sortir,
durant toute cette période, d'une schizophrénie cruelle
et inguérissable.

Les derniers Bourbons crurent renouer avec la gloire
passée de leurs ancêtres en chaussant leurs pantoufles ;
mais celles-ci étaient trouées. Le général de Gaulle lui-
même dans *La France et son armée* laisse pourtant percer
son admiration pour cette entreprise : « La monarchie

renouant la chaîne des temps projetait de reprendre à l'extérieur son effort traditionnel : sauvegarder l'équilibre européen, éviter la formation de grandes puissances à nos frontières, tenir, avant tout, l'Allemagne divisée, cultiver les alliances d'intérêts, attirer la clientèle des petits et exploiter les occasions, s'avancer vers le Rhin sans hâte en consolidant chaque pas ; entre-temps maintenir en Méditerranée notre prépondérance et empêcher sur l'Océan toute hégémonie maritime… »

Le temps d'une expédition brillante en Espagne, les Bourbons firent illusion. Ils avaient adapté leur outil militaire à leur stratégie. Les lois Gouvion-Saint-Cyr et Soult avaient édifié une armée légère, refusant la conscription de masse, renvoyant les « demi-solde » napoléoniens à leurs souvenirs glorieux. Entre la « quantité » et la « qualité », nos derniers monarques avaient choisi la « qualité ». À l'époque, seuls les « patriotes » de gauche regrettaient cette prudence. « Les traités de 1815 leur apparaissent comme la consécration d'un abaissement qu'il faut à tout prix réparer. C'est la halte dans la boue. » De Gaulle avait peut-être tort de brocarder le romantisme effréné des « patriotes ». Les réalistes n'étaient pas alors forcément ceux qui en avaient l'air.

Dès que les Bourbons voulurent sortir de l'épure tracée pour la France par l'Angleterre au congrès de Vienne, ils le payèrent en effet de leur disparition.

En 1830, Charles X bombardait Alger parce qu'il en avait assez du piratage arabe le long des côtes, qui pillait et emportait au loin ses prisonniers blancs en esclavage. Napoléon avait déjà songé à intervenir ; quelques années plus tôt, les États-Unis eux-mêmes avaient eu la même

idée. Le dey d'Alger a bien mis son célèbre coup d'éventail
à des envoyés français, mais sa colère légitime était liée à
une sombre histoire de dette impayée où l'on retrouvait
Talleyrand et des fournisseurs juifs de la Grande Armée.
Charles X était le plus bête des trois frères (ses deux aînés
étant Louis XVI et Louis XVIII) ; mais il avait quand même
retenu la leçon de Chateaubriand : la gloire des armes, sur
le modèle napoléonien, pouvait seule réconcilier la nation
avec la vieille monarchie. Les historiens nous expliquent
que ce « coup » n'a pas empêché Charles X de devoir abandonner son trône, effrayé par le retour de la Révolution qui
avait guillotiné son frère. On peut aussi subodorer que
Charles X est tombé non pas malgré, mais à cause de son
heureux coup d'Alger. Les Anglais étaient furieux de revoir
le bout du nez de la France dans cette Méditerranée, une
des causes essentielles de l'affrontement avec Napoléon.
De curieux espions de Sa Gracieuse Majesté rôdaient
autour des conjurés orléanistes parmi lesquels brillait Talleyrand. Les ordonnances de Charles X datent du 26 juillet.
Dans la nuit du 27 au 28, Paris se couvre de barricades. Or,
le 27 juillet au soir, Talleyrand dîne avec Charles Stuart,
l'ambassadeur d'Angleterre. Charles Stuart, un vieil ami du
Diable boiteux, représente le roi d'Angleterre depuis la Restauration et, déjà à l'époque, avait tenté de mettre sur le
trône le duc d'Orléans. Quinze ans plus tard, l'histoire
repassait les plats, et l'occasion était donnée de se débarrasser de cette tête folle de Charles X qui avait beaucoup
agacé l'Angleterre en renouant avec une audacieuse politique méditerranéenne. Un hasard sans doute.

Louis-Philippe et son mentor Talleyrand comprirent la
leçon ; ils ne dérogèrent jamais d'une stricte soumission

au maître anglais. Napoléon III fit de même. Au début de
son règne. Il avait sans doute mieux compris que nos derniers rois, mieux que son oncle peut-être même, les règles
géostratégiques nouvelles. Grand admirateur de l'Angleterre où il avait vécu, il fut notre premier chef d'État
conscient des enjeux de cette « mondialisation ». Il prit
donc la peine d'asseoir son imperium sur l'amitié de
l'Angleterre, lui offrant un traité de libre-échange (1860)
qui ravit la première puissance industrielle de l'époque.

Il crut alors possible, sous cette protection anglaise, de
« rompre en visière avec la politique traditionnelle »,
comme le lui reproche de Gaulle. Il s'efforça en effet par
tous les moyens de « grossir » pour retrouver la taille
optimale dans le nouveau contexte géostratégique et
technologique de son siècle.

Il récupéra Nice et la Savoie, lorgna sur le Luxembourg, la
rive gauche du Rhin, la Belgique, entreprit à vaste échelle la
colonisation de l'Algérie, édifia une « union latine » monétaire autour du franc ; et tenta de forger autour du Mexique
une puissance catholique capable de contenir dans le Nouveau Monde la puissance étatsunienne, protestante et
anglo-saxonne, alors affaiblie par la guerre de Sécession. Il
songea même alors reconnaître diplomatiquement les
confédérés du Sud, aimant sans doute tellement les États-
Unis qu'il préférait qu'il y en eût deux, selon la bonne vieille
méthode de Richelieu avec l'Allemagne. Il tenta au même
moment de partager celle-ci en trois : Prusse, Autriche, et
Bavière. En Italie, il s'efforça d'isoler le Piémont du reste de
la botte, pour en faire notre allié privilégié.

Toutes ces stratégies échouèrent ; cela ne signifie pas
qu'elles étaient stupides ou condamnées d'avance. Les

Nordistes américains vainqueurs se vengèrent et ruinèrent le Mexique de Maximilien ; et Bismarck enrôla de gré et de force la Bavière dans son ensemble allemand.

Les Anglais finirent par siffler la fin de la partie. L'insistance napoléonienne à lorgner sur la rive gauche du Rhin et la Belgique s'avéra sans doute décisive. Tel oncle, tel neveu. Napoléon III se retrouva seul. Il n'avait pas adapté son armée à sa nouvelle stratégie ; avait conservé intact l'outil réduit hérité de la Restauration et des lois Gouvion-Saint-Cyr. Après Sadowa, Napoléon III vit le danger et réclama le retour de la conscription. Le Corps législatif lui refusa, avec une véhémence que permettaient les libertés récentes octroyées par l'« Empire libéral » et la faiblesse d'un empereur malade, les moyens d'affronter à armes égales la machine de guerre que Bismarck s'apprêtait à lancer sur des chemins de fer flambant neufs.

Le « tyran » se révéla moins puissant qu'un Premier ministre anglais. Il y perdrait son trône. Les républicains, ceux-là mêmes qui l'avaient empêché au Corps législatif de défendre le pays, lui succédèrent. Tenteraient une dernière fois de « chausser les bottes de 1792 ». En vain. Jusqu'en 1914, la IIIe République ne pourra faire oublier son péché originel : avoir été portée sur les fonds baptismaux par le chancelier Bismarck. Des décennies plus tard, dans *La Grande Peur des bien-pensants*, Georges Bernanos, impitoyable, évoquera encore ces liens troubles entre Bismarck, la défaite française et l'avènement de la république : « Il est sûr que la capitulation de Sedan fit la fortune du parti républicain. On se rappelle le cri fameux : "Les armées de l'Empereur sont battues !" » Alors, ces « parvenus du 4 septembre ne virent pour eux de salut que dans un véritable soulèvement de la passion nationale, une sorte de guerre d'indépendance, à l'espagnole, où le nouveau régime trouverait sa consécration ».

Bernanos n'avait rien oublié ni pardonné : « Lorsque ce résultat leur parut atteint et qu'ils se trouvèrent face à face, devant les barricades de la Commune, avec ce même peuple qu'une prodigieuse mise en scène avait fini par prendre aux entrailles, ils le rafraîchirent avec du plomb. »

Les militaires français ont depuis la réputation justifiée de préparer la guerre qu'ils viennent de perdre. Après cette tragique défaite, ils comprirent que la prise de Paris ne devait pas signifier la fin de la guerre, d'où les balades gouvernementales à Bordeaux en 1914 et en 1940. La France républicaine renoua prudemment avec la conscription révolutionnaire : le retour de la « quantité » sur la « qualité ». Jusqu'à sa suppression par le président Chirac, un siècle plus tard. Le grand retour de la « qualité », et des choix géopolitiques qui, on le verra, rappellent assez ceux de la Restauration.

Les efforts français s'avérèrent vains. Jamais les Anglais ne laisseraient la France revenir dans la course. Ils avaient eu trop de mal à l'en écarter. Toute notre histoire du XIXᵉ et du XXᵉ siècle fut déterminée par la chute de l'empire napoléonien. À Vienne, les Anglais avaient enfin gagné. Ils avaient mis le ver dans le fruit. Ils avaient ruiné des efforts séculaires français. L'ancien prédateur devenait proie. Les rôles entre la France et la Prusse pouvaient s'inverser. Dans le même temps que les courbes démographiques. À partir de 1812 – date décidément charnière –, la « Chine de l'Europe » amorça une lente décroissance démographique, pendant que les autres pays d'Europe entraient dans leur « révolution démographique ». On a accusé la législation révolutionnaire supprimant le droit d'aînesse, poussant les paysans à une politique de l'enfant unique ; l'Église a condamné le libertinage si français, jadis aristocratique, imité par la bourgeoisie, puis la paysannerie. Et si le peuple français avait tout simplement intériorisé sa défaite ? S'il avait renoncé à faire des enfants par renoncement pacifiste ? La vitalité sexuelle est la canalisation d'une violence, d'une agressivité de mâle dominant ; les guerres de la Révolution et de l'Empire avaient constitué un effort inouï pour rattraper le retard économique de la France, dominer l'Europe et le monde. Après avoir cru toucher au but, la France s'avouait vaincue. Plus besoin de se battre, de faire des enfants. Il faut relire les premières pages sublimes des *Confessions d'un enfant du siècle* de Musset pour avoir une idée de l'ambiance désolée et désolante qui régnait alors en France.

On a beaucoup glosé sur le traumatisme français après la perte de l'Alsace-Lorraine. On n'évoque jamais la perte de l'empire de Napoléon. Les Français s'étaient pourtant attachés aux provinces du Grand Empire. La France avait entrepris une lente francisation de ces régions par la langue, les codes, l'administration – à la manière romaine – et l'art de vivre. Quelle différence y a-t-il entre Strasbourg et Mayence, entre Metz et Coblence ? Entre Nice et Turin ?

Après 1815, la paix fut relative. De nombreux affrontements émaillèrent l'histoire du XIXe siècle, même s'ils ne dégénérèrent pas en conflit global ; Chateaubriand disait que les vingt-cinq années de guerres de la Révolution et de l'Empire avaient dégoûté l'Europe de la guerre. Le verrouillage réactionnaire de la Sainte-Alliance n'empêcha pas les révolutions à travers toute l'Europe en 1830 et en 1848. Elles furent noyées dans le sang. Le congrès de Vienne, et son principe d'« équilibre européen », auront donc bien « couvert » la mondialisation sous domination de l'Angleterre ; et permis à la Prusse de façonner l'unité allemande à son profit. Sur le dos de la France et de la Russie. Chez Henry Kissinger, c'est l'ancien Allemand qui parle.

La France et la Russie attendirent pourtant la fin du XIXe siècle pour nouer cette alliance tant rêvée par Napoléon ; en 1892, les deux cocus du congrès de Vienne s'associaient. Le choix antifrançais et proanglais d'Alexandre Ier s'était révélé, comme le noterait Alexandre Soljenitsyne, une erreur funeste. Des intérêts commerciaux des aristocrates russes à la détestation chrétienne de la reine mère pour le fils de la révolution française, on connaît bien les motifs qui conduisirent le Tsar à trahir son « frère » de Tilsit. On sait moins que ce sont encore et toujours les souvenirs obsédants de l'Empire romain qui avaient douché l'enthousiasme de Napoléon pour « la montagne de neige ».

L'Empereur avait en effet été retourné par un mémoire que lui avait envoyé Alexandre d'Hauterive, un des principaux conseillers du ministre des Affaires étrangères, grand ami de Talleyrand mais aussi de Fouché : « Par le partage de la Turquie, la Russie devient nécessairement puissance maritime. Toutes les barrières orientales et septentrionales du monde seront rompues... et si les circonstances de temps et de lieu la favorisent, la Russie, maîtresse de l'empire d'Orient et de celui du Nord, ne sera plus aux portes de l'Europe, mais dans son sein. Il est possible qu'un jour la France s'affaiblisse, que les États du continent ne soient plus garantis par un grand système de confédération et que les Russes suivent la trace des Wisigoths qui passèrent le Danube, obtinrent des empereurs de Constantinople de s'établir en Thrace, exterminèrent l'empereur, pillèrent Rome, s'installèrent en Gaule et finirent par conquérir l'Espagne et une partie de l'Afrique. La progression des conquêtes de la Russie suit exactement la même ligne géographique que les Wisigoths. »

Ébranlé, Napoléon confia à Talleyrand en 1809 : « Nous allons à Erfurt, je veux en revenir libre de faire en Espagne ce que je voudrai, et je ne veux pas être engagé d'une manière précise dans les affaires du Levant. »

Talleyrand s'empressa de transmettre ces confidences au Tsar, pour « sauver l'Europe ». Et détruire la prééminence française, en prétendant, à la face des siècles, qu'elle ne pouvait durer avec un fou comme Napoléon.

Les Prussiens mirent eux aussi près d'un siècle à comprendre le sens de la prophétie napoléonienne ; qu'ils aient travaillé pour le roi d'Angleterre ne leur apparaîtrait pas de sitôt. Les héritiers de Blücher avaient été, il est vrai, payés rubis sur l'ongle. L'unité allemande s'acheva sous la tolérance bienveillante de Londres ; la défaite de 1870 solda définitivement la rivalité française ; le neveu avait payé les intérêts de la dette de l'oncle. La géopolitique bismarckienne de domination du continent européen, par l'isolement d'une France amputée, convenait fort bien aux intérêts anglais. Le Chancelier de fer, contrairement à Bonaparte, prit soin de ne jamais franchir les deux lignes rouges tracées par Londres : pas de marine ni d'empire colonial. À l'Allemagne, l'Europe ; le monde à l'Angleterre : cette division des tâches convenait parfaitement bien à Albion. À partir de la défaite de Napoléon, l'expansion de la Grande-Bretagne parut irrésistible, comme pour démontrer que l'empereur français avait bien été le seul obstacle sérieux à cette domination mondiale. Les Anglais achevèrent la conquête militaire du sud de l'Inde, après deux guerres qui les opposèrent aux Gurkhas et à la confédération marathe. Les Anglais imposèrent le libre-échange pour ruiner l'industrie textile indienne. À partir de 1840, ils contraignirent par les armes les Chinois à s'ouvrir au commerce de l'opium. Le « doux commerce » ne remplaçait pas la guerre, mais constituait le but ultime de guerre ; le libre-échange, démentant les théoriciens ricardiens, ne s'avérait nullement un outil d'échanges réciproques, mais une arme de destruction massive des rivaux économiques de l'industrie anglaise. Aden, Hong Kong et Singapour devinrent les bases de la domination militaire de la Navy. Cette première mondialisation, sous hégémonie britannique, fit – déjà – germer des idées de gouvernement mondial. C'est l'« idée anglophone » qu'évoquera Cecil Rhodes, le fondateur de la Rhodésie, qu'exalteront les écrivains Kingsley ou Kipling, que soutiendront activement les milieux financiers de la City. Idée reprise intacte cent ans plus tard, pendant la seconde mondialisation, après la chute du mur de Berlin en 1989 ; mais l'Amérique a remplacé l'Angleterre, avec l'accord consentant et même enthousiaste de l'ancienne maîtresse du monde.

Cette domination sans partage d'une unique puissance thalassocratique ne pouvait pas ne pas faire réagir un continent européen qui refusait d'être marginalisé. La France, brisée par l'échec de Napoléon, le congrès de Vienne, et le déclin démographique, n'avait plus les moyens de s'y opposer. La république instaurée miraculeusement sur les ruines de l'empire et de la défaite en 1870 était trop occupée à sauvegarder son pouvoir chancelant pour jouer dans cette bataille de géants. Les obscurs dirigeants des gouvernements précaires de la IIIe République prirent l'habitude de prendre leurs ordres à Berlin. L'ambassadeur d'Angleterre, lord Lyons, disait en 1887 : « Il est inutile de causer à Paris, puisque la France a confié toutes ses affaires au gouvernement prussien. »

L'Allemagne, portée par un dynamisme industriel et démographique formidable, osa alors reprendre au grand jour le flambeau continental. Constitution d'une marine puissante, revendications coloniales aussi tardives que véhémentes, Guillaume II jetait dans les poubelles de l'histoire les prudences matoises de Bismarck. Les Allemands avaient toutes les audaces. En 1895, les bâtiments français rencontraient les escadres allemandes et russes dans les eaux du canal de Kiel. Guillaume II avait lancé les invitations, et les Russes, grâce auxquels nous étions sortis de notre isolement, nous avaient pris par la main pour nous conduire vers leurs amis allemands. À la stupéfaction du monde, et surtout des Britanniques, le ministre des Affaires étrangères français, Gabriel Hanotaux, s'était laissé mener.

Cette alliance continentale autour d'un axe Paris-Berlin-Pétersbourg aurait été la fille de Tilsit, et la mère lointaine de l'« Europe de l'Atlantique à l'Oural » prophétisée cinquante ans plus tard par de Gaulle ; ou encore l'arrière-grand-mère du triangle éphémère Chirac-Schröder-Poutine contre la guerre du Golfe menée par les puissances maritimes et anglo-saxonnes en 2003 : les États-Unis et l'Angleterre.

Les trois pays avaient alors un intérêt évident à se liguer contre l'Angleterre. Les Russes bataillaient avec les Anglais autour de l'Afghanistan ; l'Allemagne s'avérait un rival industriel et commercial redoutable pour la puissance britannique ; la France, au-delà de ses objectifs seulement coloniaux, trouvait là l'occasion unique de prendre enfin sa revanche sur les traités de 1815. La tension belliciste entre les deux « ennemis héréditaires » au moment de la rencontre sur le Nil en 1898 entre les troupes du capitaine Marchand et les soldats britanniques prouve que Fachoda aurait pu jouer le rôle que tiendrait seize ans plus tard l'attentat de Sarajevo.

Mais l'alliance continentale Paris-Berlin-Pétersbourg ne vit jamais le jour.

La France n'en était plus le cœur ni la puissance dominante ; sans doute une des raisons majeures de son échec. En 1895, la France avait du mal à se réconcilier avec le prédateur qui lui avait arraché l'Alsace et la Lorraine, même si, contrairement à la légende, la fameuse obsession de la revanche hantait moins les dirigeants français qu'on ne l'a dit depuis. L'instabilité ministérielle, la faiblesse des gouvernements face aux pressions de l'opinion et des lobbys, dénoncée par les analystes les plus brillants à droite (Charles Maurras dans *Kiel et Tanger*) comme à gauche (Marcel Sembat, dans *Faites un roi. Sinon faites la paix* »), rendait la IIIᵉ République parlementaire incapable de conduire une politique étrangère cohérente et continue. L'affaire Dreyfus, qui redonna au pays son traditionnel climat de guerre civile, réveilla la haine du Boche, enfouie peu profondément dans la société française. Maurras soupçonna même les services secrets anglais d'avoir inventé l'« affaire Dreyfus » pour déstabiliser l'armée française.

Des gaullistes, un siècle plus tard, accuseront de même les services américains et israéliens d'avoir lancé Daniel Cohn-Bendit en mai 1968 contre le général de Gaulle, après la sortie de l'organisation intégrée de l'OTAN et le « vive le Québec libre ! ».

Au tournant du siècle, Delcassé remplaça Hanotaux ; la France changea de maître ; à l'Allemand succéda l'Anglais. L'Entente cordiale, signée entre la France et l'Angleterre en 1904, fut la réponse du berger anglais à la bergère allemande. Les Britanniques sacrifièrent quelques rogatons de leur empire colonial pour retourner l'épée française contre l'ennemi germain. Tanger se substitua à Fachoda : les provocations marocaines de Guillaume II donnèrent une couleur inéluctable à un conflit dont les meilleurs experts militaires prédisaient une courte durée de « quelques mois » et qui se prolongea jusqu'en... 1945. Cette nouvelle « guerre de Trente Ans », non plus pour des raisons religieuses mais pour des motifs idéologico-économiques, après avoir dévasté le territoire français, ravagea l'ensemble du continent. La « revanche » prise par Hitler en juin 1940 s'apparente à une sorte de « Cent-Jours » qui auraient d'abord réussi. L'armée allemande, en 1918, comme son homologue napoléonienne en 1814, était convaincue qu'elle n'avait perdu qu'en raison de multiples trahisons. Elle ne s'avouait pas vaincue. Les

Prussiens continuaient d'imiter en tout ces Français tant haïs, aussi admirés que honnis. Les mêmes causes produisirent les mêmes effets. La puissance continentale s'abîma dans les rigueurs de l'hiver russe, et s'inclina devant sa rivale thalassocratique. Rome devant Carthage.

La bataille d'Angleterre fut encore gagnée, mais, alors que la Navy de Nelson l'avait emporté à Trafalgar sans mettre en danger le territoire britannique, le triomphe final de la Royal Air Force ne put empêcher la destruction de la puissance industrielle anglaise. C'est sans doute le sens secret de la défaite électorale de Churchill en 1945, comme si les Anglais, repus de gloire et de malheurs, lui faisaient payer la décadence d'Albion. Carthage s'effondrait enfin dans les flammes de cet incendie dantesque qu'elle avait elle-même allumé cent quarante ans plus tôt, en rompant la paix d'Amiens en 1802. Le centre de l'économie-monde, pour parler comme Fernand Braudel, était entre-temps passé à New York. La nouvelle Carthage américaine prenait le relais.

Après Waterloo, Blücher avait été fait maréchal par le prince régent d'Angleterre. Un siècle plus tard, en 1918, Foch recevra la même distinction du roi Georges V. Il aura alors cette réflexion goguenarde : « Je suis bien content de lui rendre la pareille. » Pour les chefs français, militaires et politiques, la victoire de 1918 sonnait la revanche de 1815. Naïveté. L'histoire ne dit pas si en prenant la succession de Blücher, même avec cette distance sarcastique, Foch se rendait compte qu'ils n'avaient été, lui, et ses millions de soldats, que l'épée de l'Angleterre, combattant pour la pérennité ultime de la puissance britannique, comme Blücher et les Prussiens l'avaient fait en leur temps contre Napoléon. À Versailles, Clemenceau comprendrait mais un peu tard que la France n'avait pas été dans cette héroïque boucherie le soldat de l'idéal mais celui de l'Angleterre.

La défaite de Waterloo, et le traité de Vienne, si admirable aux yeux germanophiles d'Henry Kissinger, nous conduisaient inéluctablement au déclin et à l'histoire tragique du XXe siècle. Seule la victoire de Napoléon aurait pu nous épargner ce désastre. Ou alors la victoire totale de l'Allemagne à l'été 1914. Dans ce contexte tragique, notre plus grave « erreur » fut sans doute notre victoire héroïque de la bataille de la Marne. Alors, nous aurions économisé un million et demi de vies, sans oublier les 200 000 militaires et 400 000 civils de la Seconde Guerre mondiale. En cas de défaite française dès 1914 (à défaut de victoire en 1815), pas de révolution russe, pas de fascisme, pas de nazisme, pas d'holocauste des Juifs, pas d'intervention américaine en 1917 ni en 1944. La *pax germanica* aurait régné sur le continent. Une autre guerre aurait continué entre l'empereur d'Allemagne et le roi d'Angleterre, son cousin germain ; une guerre qui aurait préfiguré celle de 1940 ; ce sempiternel affrontement entre la terre et la mer dont Napoléon et la France avaient cru sortir vainqueur. Amère uchronie.

CHAPITRE 5

Le Maréchal

L'Amérique s'imposa à l'Europe et à la France par l'arrivée de ses *boys* sur les champs de bataille de la Marne. La prédiction de Talleyrand se réalisait. Pétain en fut l'instrument inconscient.

Le souvenir de Pétain est manichéen : louangé pour avoir attendu les Américains en 1917, il est vilipendé pour avoir refait le même choix en 1940. Son attentisme aurait été salvateur dans le premier cas, immoral et funeste dans le second. On préfère penser comme de Gaulle que « Pétain est mort en 1925 à l'insu de ceux qui ne faisaient pas partie de son entourage ».

Et si c'était l'inverse ? Et si Pétain avait toujours été le même, dès 1914 ? Et si – question sacrilège – le bon choix, il l'avait fait en 1940, et que la faute contre la guerre, l'histoire, la France, ce fût en 1917 qu'il l'avait accomplie ?

Alors, assurés que Pétain ne bougerait plus sur son front ouest, Ludendorff et Hindenburg s'en donnèrent à cœur joie et liquidèrent l'armée russe à Riga, sans oublier les Italiens écrasés à Caporetto ; les Allemands, eux, n'avaient pas abandonné la guerre de mouvement. La défaite russe entraînerait la révolution de 1917, la paix de Brest-Litovsk, et permettrait à Ludendorff de rapatrier ses soixante-quinze divisions de l'est, qui avaient tant manqué à l'Allemagne, lors de l'offensive de la Marne en 1914, sur le front ouest.

Pour la première fois de la guerre, les Allemands avaient l'égalité numérique. La stratégie attentiste de Pétain conduisait inéluctablement la France à une paix blanche, proposée alors par le pape et l'empereur d'Autriche. Comme le raconte Guy Dupré dans son chef-d'œuvre, *Le Grand Coucher*, le député Laval confiait au comité secret de la Chambre des députés : « Messieurs, regardons la situation telle qu'elle est... À l'arrière et à l'avant, l'idée s'ancre : on ne les aura pas militairement... Nous ne sommes pas ici pour nous mentir, ni pour faire des couplets brillants sur le courage de la France. Il faut dire exactement ce qui est : il y a en France une fatigue de la guerre et un courant en faveur de la paix. » Laval se vit refuser par le président du Conseil Painlevé son passe-port pour le congrès international socialiste de Stockholm qui prendrait position pour une paix blanche à la mode léniniste.

1917, c'était la revanche de 1709 ; Fénelon et le duc de Bourgogne ressuscitaient. Alors, face à eux, il y avait eu le duc d'Orléans, le vainqueur de Villaciosa et Villars, le sauveur de Malplaquet et Denain. Deux siècles plus tard, les pacifistes eurent gain de cause. Pétain et ses alliés interrompirent l'offensive de Nivelle sur le chemin des

Dames d'avril 1917. Ils eurent la peau du général Mangin et de sa 6ᵉ division, la seule qui progressait vraiment ; lui retirèrent son commandement.

L'offensive de 1917 sur le chemin des Dames coûtait cher en vies humaines ; mais pas plus que la défense héroïque sur la Marne en 1914, et à Verdun en 1916. Les historiens contemporains nous ont appris que les grandes mutineries de cette année-là étaient issues du désespoir d'hommes las de mourir dans des attaques vaines et mal conduites. Il y eut même en 1997 un Premier ministre socialiste pour réhabiliter ces mutins exécutés au nom de leur pacifisme. Et si ces hommes héroïques, des « lions conduits par des ânes », disaient, admiratifs, les Allemands, avaient été avant tout furieux qu'on les arrêtât juste au moment où ils sentaient la victoire proche ? Pétain est aujourd'hui loué pour avoir économisé le sang de ses hommes. À l'époque, ses collègues ne voyaient pas les choses du même œil : « Avec Pétain, disait Mangin, les Boches seront encore là en 1940 [*sic*]. »

Le général manchot n'avait sans doute pas tort. En avril 1917, la machine de guerre allemande approchait du point de rupture. Sauvés par la pusillanimité de Pétain, puis soulagés par leur victoire à l'est, les Allemands jouèrent leur va-tout en adoptant justement une stratégie offensive à la Nivelle ; et reviendraient bientôt sur la Marne pour menacer à nouveau Paris. Il fallut la menace d'une défaite inouïe, la pression des Anglais, et l'arrivée des premières troupes américaines pour imposer Foch à Pétain. Foch essaie alors de donner à ses troupes un rythme napoléonien, mais c'est du Bonaparte filmé au ralenti ; Clemenceau a supplié à genoux Mangin de reprendre son commandement. Les Français abordent les Allemands en juillet, malgré les pressions réitérées de Pétain en faveur d'un arrêt des hostilités. Attendre les Américains pour l'hiver, toujours sa litanie. La grande offensive qui doit conduire les troupes alliées sur le Rhin, puis à Berlin, est prévue pour le 13 novembre. L'armistice est signé le 11. Peu d'historiens nous disent pourquoi. De rares iconoclastes prétendent que les Anglo-Américains nous ont arrêtés, de peur de voir les Français entrer à Berlin comme après Iéna, et dicter leurs conditions à l'Europe. D'autres soupçonnent Foch de ne pas avoir voulu voir Pétain sur son cheval blanc passer tel Davout sous la porte de Brandebourg à Berlin. Et puis, Foch, mal servi par des services de renseignement médiocres, ignorait l'état réel de délabrement de l'armée, de la société et du pouvoir allemands, proches de l'effondrement militaire, de la famine et de la guerre civile. Mangin et ses rares admirateurs continuèrent de penser que la victoire française – la seule, la vraie, sans les Américains – fut manquée au printemps 1917. Et que la face du monde, de l'Europe, de la France en eût été bouleversée. En juin 1940, une des premières décisions des autorités d'occupation allemandes fut de détruire la statue du général Mangin. Un hommage du vice à la vertu.

Le conflit de 1914 à 1945 fut une seule et même guerre. À Versailles encore, en 1918, Clemenceau crut saisir l'occasion de reprendre le travail là où l'Empereur l'avait laissé. Il eut la peau de la perfide Autriche, la révolution avait emporté les Romanov, et la défaite les Hohenzollern. On le lui reproche depuis lors, les petites nations de l'Europe centrale, nées de la dislocation de l'empire

austro-hongrois, étant incapables de se défendre contre
l'ogre allemand. On oublie seulement que l'empire
autrichien avait naguère lui-même cédé devant la puissance de feu prussienne, et que nous étions là pour les en
protéger. Nos accords militaires mais aussi industriels
nous donnaient une place prépondérante dans l'Europe
centrale où nous avions évincé et les Prussiens et les
Russes. Mais, une fois encore, comme avant 1870, notre
outil militaire ne fut pas adapté à notre géostratégie et à
notre alliance avec les pays de la Petite-Entente.

De surcroît, la coalition anglo-américaine refusa
jusqu'au bout notre arrivée sur la rive gauche du Rhin.
Le spectre de Napoléon hantait les négociateurs anglais.
La Rhénanie fut démilitarisée, mais pas réunie à la
France. Dès 1919, le général Mangin affirmait : « Mes
enfants reverront cela dans vingt ans. » La guerre de
1939 a commencé en 1936, lorsque la France ne réagit
pas alors qu'Hitler remilitarisait la Rhénanie, tandis que
son état-major tremblait. À ce moment-là, la guerre
était nécessaire ; en 1938, à Munich, il était déjà bien
tard. La cause tchécoslovaque n'était pas si bonne
qu'on l'a dit depuis : conglomérat de minorités allemandes, hongroises, et même polonaises, auxquelles
une centralisation à la mode française – le « tchécoslo-
vaquisme » – imposait un joug politique, linguistique et
culturel fort mal supporté, elle subissait à son tour ce
« mouvement des nationalités » qui avait désintégré
l'empire des Habsbourg à son profit. La France n'a pas
bougé en 1936, pour ne pas s'aliéner ses « alliés »
anglais qui le lui interdisaient : déjà minée par un pacifisme profond depuis la boucherie de 1914-1918, la

France se retrouvait prise dans une tenaille tragique : céder devant Hitler ou s'aliéner l'alliance anglaise et lui déclarer la guerre, seule ; comme en 1870.

Les Britanniques n'eurent pas ces états d'âme. Travaillés par un pacifisme aussi puissant que le nôtre, et par la fascination des élites britanniques pour le cousin « germain », ils avaient signé en 1935 un accord de réarmement naval avec l'Allemagne, en violation des clauses du traité de Versailles. Sans se soucier de l'avis français. La même année, les Français renoncèrent à faire campagne lors du référendum sur le retour de la Sarre dans le Reich. Après Munich, les milieux d'affaires anglais convainquirent le pouvoir britannique que la concurrence germanique mettait une nouvelle fois en danger – à l'instar de la situation du début du siècle – leur domination commerciale. Le gouvernement britannique profita du répit « munichois » pour édifier, en quelques mois d'une activité acharnée, une magnifique aviation de combat, tous ces Hurricane et Spitfire qui gagnèrent la bataille d'Angleterre de 1940 et sauvèrent Londres de l'invasion allemande. Depuis Waterloo, la France ne maîtrisait plus son destin. Elle avait accepté d'être le fidèle second de l'Angleterre. Le soldat qui se bat – ou pas – en fonction des intérêts de l'empire de Sa Gracieuse Majesté.

En 1940, Pétain n'avait pas changé. Attendre, toujours attendre. Qui ? Les Américains, que diable ! Sauf que, cette fois-ci, l'état-major français ne serait pas sauvé par les Russes. On peut estimer avec Raymond Aron que la France, en déclin démographique depuis le XIXe siècle, n'aurait pas survécu à une seconde saignée égale à celle de 1914. En quelques semaines de l'offensive allemande, les Français, contrairement à la légende, se battirent valeureusement et eurent autant de pertes – proportionnellement – qu'en 1914. Cent mille morts dont on ne parle jamais. La France, « tuée » par sa victoire de 1918, avait été « sauvée » par sa défaite de 1940. La courbe des naissances, de manière inexplicable, remonta à partir de 1942, alors qu'elle ne s'était jamais redressée depuis la chute de 1812. L'armistice tant vilipendé par de Gaulle et les siens, depuis soixante ans, aurait permis à un pays moribond de refaire ses forces.

Je ne parviens pas à savoir comment mon destin et celui des miens a été affecté par cet armistice : lorsqu'il arrêta l'avancée des chars allemands, Pétain sauva la vie de tous les Français d'Algérie de confession juive ; mais quand il supprima ensuite le décret Crémieux, ôtant la nationalité française à des Juifs redevenus indigènes malgré leur patriotisme flamboyant, il les transformait en gibier de camp dès que la zone libre fut occupée et que l'armée allemande, alliée à l'Italie, menaça l'Algérie par la Tunisie.

L'armistice de juin 1940 a arrêté les Allemands au moment où ils ne l'étaient pas. L'empire français et toute l'Afrique leur tendaient les bras. Les Anglais de Montgomery étaient encore loin. Deux ans plus tard, il n'en sera plus de même. Goering prétendait même que cet « armistice avait été la pire erreur d'Hitler ». Churchill ne dira pas autre chose en 1944 : « L'armistice nous a en somme rendu service. Hitler a commis une faute en l'accordant. Il aurait dû aller en Afrique du Nord, s'en emparer pour continuer sur l'Égypte. Nous aurions eu alors une tâche plus difficile. » De Gaulle confiera lui-même au général Robert Odic, qui était en 1940 chef d'état-major de l'armée de l'air : « N'avouez jamais que l'armistice ne pouvait pas être évité. »

Dès son arrivée au pouvoir, Pétain voulut rendre à l'Allemagne la monnaie de sa pièce ; imiter la conduite souterraine de la république de Weimar après l'armistice du 11 novembre 1918 ; préparer en douce une armée pour la revanche de la revanche de la revanche ; et en attendant, « *finassieren* »... Le 7 septembre 1940, le général Weygand était nommé délégué général en Afrique, pour « rétablir la confiance, l'espoir, l'unité de vues, rassurer les populations et les préserver contre toute tentative d'agression ». Weygand forma de nouvelles troupes, rajeunit et renouvela les cadres, dissimula du matériel, dans des fermes, des grottes, des forêts, fabriqua clandestinement des armements. Les Allemands finirent par s'en apercevoir, exigèrent et obtinrent de Pétain que Weygand fût révoqué, le 17 novembre 1941. En novembre 1942, il fut arrêté par la Gestapo et déporté au château d'Itter, en Allemagne, qui dépendait administrativement de Dachau. Après son départ, le général Juin continua l'œuvre inachevée. Le bilan ne fut pas ridicule. Les armées d'Afrique du Nord et d'Afrique-Occidentale comptèrent 230 000 hommes, que l'on retrouva dans la campagne d'Italie ou en Provence.

L'entrée en guerre des Américains, tant attendue par le Maréchal, ruina pourtant la stratégie pétainiste. La défaite des Allemands pris en tenaille entre Américains et Soviétiques était programmée. À partir du moment où il comprit qu'il était perdu, Hitler rationalisa la « solution finale des Juifs ». La rafle du Vél'd'Hiv date de juillet 1942. Le gouvernement de l'État français, par la bouche de René Bousquet, obtint des Allemands la dis-

tinction salvatrice entre Juifs français – protégés – et
Juifs étrangers – embarqués pour les camps de la mort ;
mais, sans l'aide de la police française, les Allemands
n'auraient pas eu les moyens de rafler autant de Juifs.
Même si les avocats de Vichy argueront non sans raisons qu'au pays des Gauleiter et de la Gestapo, comme
aux Pays-Bas, 100 % des Juifs furent pris, la montée aux
extrêmes de cette guerre enfonça le double jeu attentiste de Pétain, ruina son ambiguïté entre ses deux pro-
tecteurs, Berlin, mais aussi Washington, et, puisqu'il
n'osait rejoindre le camp américain à Alger, le contraignit à devenir le complice de l'ignominie nazie, forçant
chacun à choisir et conduisant à l'inévitable guerre
civile, cent fois recommencée depuis les guerres de
Religion, alors que Pétain s'était cru capable à son tour
de pacifier un pays déchiré.

L'immobilisme de Pétain à la fin 1942 démontrait définitivement que, malgré les efforts sincères des vichysto-
résistants, le pétainisme fut avant tout un pacifisme, soucieux de ne pas sortir de la protection du maître allemand et de la paix germanique. « On ne sort de
l'ambiguïté qu'à son détriment » : l'un des plus célèbres
vichysto-résistants, François Mitterrand, ferait de cette
célèbre formule du cardinal de Retz une devise.

Alors que le Maréchal et le Général faisaient assaut de
virilité guerrière – une concurrence effrénée que nous
montre avec jubilation Patrick Buisson dans son livre
L'Érotisme sous Vichy –, aucun des deux ne disposait des
moyens de tenir sa promesse : Pétain parce qu'il « colla-
borait » avec l'occupant ; de Gaulle, parce qu'il ne disposait pas d'armée digne de ce nom : « J'ai en main le glaive

de la France, mais Dieu qu'il est court ! » Paradoxe fondateur de l'identité masculine depuis des milliers
d'années : l'homme risque son existence en faisant la
guerre, mais il perd son essence en ne la faisant pas.
Pétain prétendit protéger les Français des réalités
cruelles de la défaite et de l'occupation ; de Gaulle tenta
de persuader les Alliés que la France faisait partie des
vainqueurs. Leur unique atout commun était leur voix ;
leur seule arme, les mots ; leur seul outil, mécanisé : la
radio. Les autres, les Alliés, les ennemis, n'étaient pas
dupes. En dépit de leurs rodomontades viriles, de leurs
uniformes sémillants, le Général comme le Maréchal
déployaient tous deux un registre maternel, de consolation,
protection, illusion. Roosevelt, dans ses conversations
avec Churchill, surnommait de Gaulle « la mariée », ou
« la *prima donna* ». De Gaulle lui-même prit comme
modèle Jeanne d'Arc. Appela la protection de la Vierge
sur la France.

Les Américains repoussèrent, avec une brutalité qui
changeait de la subtilité anglaise, les requêtes territo-
riales françaises ; en dépit des exploits de la 2e DB sur le
Rhin, magnifiés par la chanson de geste gaullienne, on
ne retrouverait pas un pouce de Rhénanie. Eisenhower
renonça seulement à appliquer les consignes de Roosevelt qui lui avait ordonné d'amputer la France de ses provinces alsacienne et mosellane. Lorsque de Gaulle
revendiqua la vallée d'Aoste, en Savoie – qu'avait
« oubliée » Napoléon III lors de l'annexion de 1860 –,
région splendide où l'on parle un franco-provençal
depuis mille ans, et où les troupes françaises furent
acclamées, les Américains refusèrent et, devant l'insis-

tance ombrageuse de De Gaulle, coupèrent le ravitaille-
ment en essence de la 2ᵉ armée française. Le Général dut
manifester une fureur toute théâtrale pour empêcher que
la France, à l'instar de l'Italie, ne fût considérée comme
un pays vaincu, occupé, sous administration et monnaie
américaines : le fameux AMGOT. Certains historiens
contredisent ce récit gaullien des intentions américaines,
mais personne ne nie que les responsables du débarque-
ment en Normandie ne tinrent aucun compte de la
Résistance française, de ses forces et de ses intentions, et
furent tout étonnés de l'aide qu'elle apporta aux forces
alliées. Les Américains cédaient (parfois) aux colères de
la « *prima donna* », mais n'en pensaient pas moins : pour
eux, la France était sortie de l'histoire en juin 1940. De
Gaulle n'était pas dupe, au contraire de ses thuriféraires.
De son admiration juvénile pour Cyrano de Bergerac il
avait gardé l'idée que seul le panache survit à la défaite.
La France ne comptait plus ; l'indépendance nationale
n'était alors qu'un mot, au pis aller une posture, au
mieux un état d'esprit, un exemple, une dignité.

Une promesse. Une résurrection. La France descendue
de la croix. Suivant à la trace la glorieuse armée française,
bâtie à la hâte et jetée à la poursuite d'une armée allemande encore vindicative, de Gaulle tente une dernière
fois de forcer le destin, de réussir au bluff là où Danton,
Bonaparte et Clemenceau ont échoué. Le 12 février 1945,
à Strasbourg, il déclare avec superbe : « Le Rhin doit être
une grande avenue française. » Mais pendant ce temps, à
Yalta, se réunissent Roosevelt, Churchill et Staline, pour
une conférence à laquelle le Général n'est même pas
convié. Dans *Le Figaro*, François Mauriac a tout de suite

saisi la signification historique de cette absence et de ce
mépris : « Je doute que nous devions feindre de prendre
légèrement le coup qui nous atteint : pour la première
fois, dans l'histoire, les "grands" se réunissent et le fauteuil de Talleyrand et de Chateaubriand demeure vide.
Même après ses désastres, la France avait toujours
occupé, dans l'assemblée des nations, la place qui lui
était due, ses amis lui refusent aujourd'hui ce que ses
ennemis les plus haineux, au cours des siècles, n'eussent
jamais songé à lui disputer. »

Jusqu'à sa mort, le Général de Gaulle fera tout – succès et
échecs mêlés – pour réoccuper le fauteuil vide de Talleyrand et de Chateaubriand : zones d'occupation de Berlin,
siège au Conseil de sécurité de l'ONU, bombe atomique,
sortie des instances intégrées de l'OTAN, tout fut tenté.
Jusqu'à l'abandon de l'empire colonial, à partir du
moment où de Gaulle jugea qu'il était devenu un boulet.

Alors de Gaulle liquida l'empire français. Le troisième
empire français. Après ceux de Louis XIV et de Napoléon.
Après l'Amérique et l'Inde, après l'Europe, l'Afrique et
l'Indochine. Le seul dont on ait gardé le souvenir et la
nostalgie aujourd'hui et celui pourtant qu'on avait le
moins désiré, qui nous était le moins utile dans notre
quête millénaire. Avec les conquêtes d'outre-mer de
Louis XIV, nous avions perdu la bataille de la mondialisation. Avec l'empire de Napoléon, quand la France avait
réintégré ses « anciennes limites », elle avait renoncé à
son rêve gallo-romain, et manqué son indispensable
mutation de superpuissance. La plupart de nos contemporains sont à tort persuadés que la perte de notre
empire colonial, et en particulier de l'Algérie, signe la fin

de la France grande puissance. De Gaulle, lui, n'ignorait rien du cataclysme de 1815. Après les premiers temps de la conquête et de l'exploitation – dans tous les sens du terme –, notre empire nous coûta de plus en plus cher. Depuis que les Pays-Bas avaient abandonné l'Indonésie en 1947, lui démontraient ses conseillers, ils avaient connu un développement économique brillant. Cet ensemble hétéroclite qu'il laissait derrière lui était un empire de hasard et de moins en moins de nécessité.

Empire de substitution. De compensation. De consolation. À la chute de l'empire napoléonien. L'Algérie fut la première prise et la dernière abandonnée. Emblématique et passionnelle. L'Algérie était un prolongement territorial outre-Méditerranée. La France s'imaginait retrouver ses repères de l'Empire romain. Bugeaud conquiert et colonise l'Algérie, à la manière d'un soldat-paysan romain. Il conquiert sans douceur, puis cultive la terre sans répit. Troupes, routes, (agri)culture, administration, codes. Assèchement des marécages de la Mitidja. Plus tard, voies ferrées, aéroports. Mise en valeur du pétrole et du gaz sahariens. Sans oublier les campagnes de vaccination massives. La routine romaine. Rome a créé la Gaule en rassemblant des tribus gauloises ; La France fondera l'Algérie – qu'elle baptisera elle-même, comme Jules César l'avait fait avec la Gaule – en réunissant des tribus nomades. Bugeaud est un ancien officier de la Grande Armée, qui a servi en Espagne. À ses yeux, les Arabes sont des Maures et les Espagnols des Africains. Il retrouve avec eux les méthodes et la fureur du *dos de mayo*. Il ne veut pas être le général Dupont de l'Algérie. Il a exporté là-bas la férocité de la répression de la guérilla espagnole. Plus tard, il importa la sauvagerie des soldats arabes dans la répression des ouvriers français lors des journées de juin 1848. Il joue un jeu ambigu avec Abd-el-Kader qui lui-même n'est pas avare de subtilités. Abd-el-Kader deviendra l'incarnation du colonisé assimilé à la France, sur l'éternel modèle du Gallo-Romain.

De louis XV à Louis-Philippe, l'histoire des colonies françaises bute toujours sur le même obstacle : des colonies de peuplement qu'on ne peuple pas. Malgré les offres généreuses de terres et les déportations, puis, plus tard, le renfort des Italiens, Espagnols, Maltais, sans oublier les Juifs du décret Crémieux, les Français blancs ne seront pas assez nombreux pour dominer démographiquement les indigènes arabes et kabyles. Ce déséquilibre explique que les pieds-noirs n'accepteront jamais que les Arabes obtiennent en masse la citoyenneté française ; que la République renoncera à mettre en cohérence ses principes égalitaires avec le statut des « indigènes » ; que de Gaulle accordera l'indépendance, pour ne pas voir son village devenir Colombey-les-Deux-Mosquées. Toute l'histoire de l'Algérie française se lit à travers cette grille démographique.

La France est en déclin démographique depuis 1812 ; elle compta même plus de tombeaux que de berceaux, plusieurs années de suite, à la fin du XIXe siècle, tandis que le reste de l'Europe connaissait une exubérance démographique inédite dans l'histoire du continent ; l'homme blanc, anglais, allemand, italien, hollandais, en surnombre chez lui, s'installe partout à la surface du globe.

Les Français n'ignorent pas que les Anglais, en Afrique comme en Asie, se sont emparés des meilleures terres, les plus riches en minerai, les plus prometteuses économiquement, les plus utiles stratégiquement. Les Français ne les concurrenceront jamais. Bismarck ne s'y trompe pas qui encourage les Français dans leurs expéditions hasardeuses. Lui tient l'héritage précieux de Napoléon : l'Europe continentale. En France, la gauche colonise pour « civiliser les races inférieures » (Ferry) ; la droite pour faire des affaires : sur le modèle anglais, elle ne cherche que des comptoirs ; seule la droite nationaliste peste et fulmine. C'est la dernière partie de l'opinion qui ne fasse pas encore son deuil du projet européen de la France. La droite nationaliste a deviné l'habileté de Bismarck. Elle n'a pas tout à fait tort : en 1914, l'armée française, entraînée aux combats dans la jungle africaine ou indochinoise, se sera déshabituée de la boue des champs de bataille du nord de l'Europe. Le pantalon garance se révélera fort voyant sur la Marne, mais il impressionnait tant les « sauvages ».

L'empire français du XIXe siècle ne fut pas tant une quête de richesses agricoles ou minières, ni d'intérêts commerciaux ou financiers ; pas un prosélytisme religieux ou idéologique ni le résultat de calculs stratégiques savants ; il fut avant tout un grenier à soldats : « Dans les batailles futures, écrit le général Mangin en 1910, ces primitifs pour lesquels la vie compte si peu et dont le jeune sang bouillonne avec tant d'ardeur et comme avide de se répandre, atteindront certainement à l'ancienne "furie française" et la réveilleraient s'il en était besoin. »

Mangin ne s'était pas trompé. Ces tirailleurs sénégalais, ces goumiers marocains, et tous les autres feront des étincelles sur les champs de bataille européens, du chemin des Dames en 1917 jusqu'à la prise du mont Cassin en 1943. Ils furent intrépides, audacieux, impi-

toyables, ne craignant ni l'ennemi ni le feu ; seule la mort
de leurs officiers français les affolait. Après Cassino, ils
revendaient leurs prisonniers allemands à des soldats
américains, médiocres guerriers mais riches en dollars.
En 1923, Poincaré les envoya occuper la Ruhr, à la grande
frayeur des populations allemandes. En juin 1940, la
propagande nazie ne s'y trompa pas qui filma ces « sauvages » sous uniforme français, avec en légende ce sar-
casme raciste : « Voici comment les Français défendent la
civilisation ! »

Cette « force noire » de Mangin symbolise l'histoire de
France du XIXᵉ siècle. Elle est la réponse à l'impasse française postérieure à Waterloo.

Une souffrance, une tristesse, une mélancolie française
commence en effet à imprégner notre pays. Les esprits les
plus avisés, les plus fins ont tout senti. L'impasse stratégique de la monarchie capétienne ; les enthousiasmes
révolutionnaires sans lendemain ; la gloire impériale ter-
nie par les défaites finales. L'Europe continentale sous
domination française est une chimère qui s'éloigne. Le
mouvement des nationalités, inventé par la France, se
retourne contre elle, au profit de l'Allemagne qui trouve
partout des hommes parlant un dialecte germanique. Une
nasse géostratégique, celle du ni mer ni terre succède à
l'abondance du passé : et terre et mer.

C'est à cette époque que Géricault peignit le tableau
célébrissime du *Radeau de la Méduse*. Ce bateau a
existé ; la *Méduse* était un des navires qui devaient
conduire Napoléon vaincu en Amérique. La marine
anglaise, aidée par une tempête qui retarda son départ,
l'empêcha de prendre la mer ; un an plus tard, la

Méduse s'échouait sur les côtes du Sénégal. *Le radeau de la Méduse* est le symbole du déclin français après Waterloo. « C'est la France elle-même, c'est notre société tout entière qu'il embarque sur ce radeau », nota Michelet.

En 1867, Edgar Quinet soliloque mélancoliquement que « notre rôle est terminé ; notre hégémonie, fondée sur le principe d'égalité, prenait fin comme s'était achevée celle de l'Italie au XVIe ; le XXe siècle serait celui de l'Angleterre, de la Prusse et de l'Amérique ».

Dans *La France nouvelle*, qu'il publie en 1868, Prévost-Paradol expose cette impasse française. Deux ans avant la défaite contre la Prusse, il annonce la guerre inéluctable, et analyse déjà les conséquences de la défaite qu'il pressent. Même en cas de victoire, il anticipe déjà le drame que vivra Clemenceau en 1918, d'une victoire inespérée qui ne lui permettrait pas, en raison de l'hostilité anglo-américaine, de retrouver ses indispensables frontières naturelles, belge et rhénane. Prévost-Paradol anticipe l'opposition entre les « remplaçants » continentaux de la France, l'« Allemagne-Unie » et la Russie, et leurs défaites finales face aux Anglo-Saxons : Anglais, Américains, mais aussi Australiens. Il pose la question qui taraudera un Clemenceau, un de Gaulle, et à laquelle ils ne donneront pas de réponse satisfaisante : « Quel moyen nous reste-t-il cependant pour nous ménager dans ce monde ainsi renouvelé autre chose qu'un souvenir honorable, et que les égards dus à notre passé, c'est-à-dire une *place matérielle et une force physique* dignes de notre légitime orgueil, capables d'imposer encore quelque considération aux peuples de la terre et d'entou-

rer d'un respect suffisant le nom glorieux de la vieille
France ? »

Il répond : « Nous avons encore cette chance suprême,
et cette chance s'appelle d'un nom qui devrait être plus
populaire en France, l'Algérie. [...] Puisse-t-il venir bientôt, ce jour où nos concitoyens, à l'étroit dans notre
France africaine, déborderont sur le Maroc et sur la Tunisie, et fonderont enfin cet empire méditerranéen qui ne
sera pas seulement une satisfaction pour notre orgueil,
mais qui sera certainement dans l'état futur du monde, la
dernière ressource de notre grandeur ! [...] L'Afrique ne
doit pas être pour nous un *comptoir* comme l'Inde, ni
seulement un camp et un champ d'exercice pour notre
armée, encore moins un champ d'expérience pour nos
philanthropes ; c'est une terre française qui doit être *le
plus tôt possible* peuplée, possédée et cultivée par des
Français, si nous voulons qu'elle puisse un jour peser de
notre côté dans l'arrangement des affaires humaines. »

Et de conclure : « [...] il n'y a que deux façons de
concevoir la destinée future de la France : ou bien nous
resterons ce que nous sommes, nous consumant sur
place dans une agitation intermittente et impuissante, au
milieu de la rapide transformation de tout ce qui nous
entoure, et nous tomberons dans une honteuse insigni-
fiance, sur ce globe occupé par la postérité de nos
anciens rivaux, parlant leur langue, dominé par leurs
usages et rempli de leurs affaires, soit qu'ils vivent unis
pour exploiter en commun le reste de la race humaine,
soit qu'ils se jalousent et se combattent au-dessus de nos
têtes ; ou bien de quatre-vingts à cent millions de Français, fortement établis sur les deux rives de la Méditerra-

née, au cœur de l'ancien continent, maintiendront à travers les temps, le nom, la langue et la légitime considération de la France. » Prévost-Paradol se suicida à New York, où il avait été nommé ambassadeur de France au lendemain de la défaite de Sedan. Symbole d'une lassitude, d'un désespoir français.

La III⁰ République respecta pourtant à la lettre son programme. Malheureusement, une France démographiquement déclinante ne pouvait pas réussir là où la France exubérante du XVIIIᵉ siècle avait échoué. L'Algérie devait être l'Amérique de la France. En vain.

Prévost-Paradol avait là encore tout prévu. Vis-à-vis « de la race arabe qu'il paraît également difficile de nous assimiler ou de détruire », il préconisait de « laisser [...] les Arabes se tirer, comme ils le pourront, à armes égales, de la bataille de la vie ». Les Arabes suivront les conseils de Prévost-Paradol ; aidés par la médecine française, et en dépit des terribles disettes et épidémies qui ravagèrent l'Algérie au XIXᵉ siècle, ils gagneront « la bataille de la vie ». Le drame algérien était alors inéluctable. En dernière minute, les partisans de l'Algérie française offrirent l'« intégration » des Arabes pour sauver et l'Algérie française et, surtout, le projet historique de la France de cent millions de Français. Dans les années 1950, enivré par le baby-boom, Michel Debré crut même que la « vieille race française » atteindrait cet objectif mythique par ses propres forces.

Dès le milieu du XIXᵉ siècle, la France fut le premier pays, et alors le seul, à recevoir une immigration européenne qui débordait les frontières de ses voisins. Elle reçut les miettes de l'Amérique, mais ces miettes lui permirent de ne pas crever de faim, dans une Europe où Allemagne et

Royaume-Uni devenaient des géants démographiques, et donc militaires, économiques, politiques.

Certes, ainsi que le notait Raymond Aron, depuis l'Antiquité, « les plus vastes empires ont pu être édifiés à partir d'une base étroite, qu'il s'agisse de Rome, des Arabes ou des Mongols ». Mais Aron n'aurait pas démenti Hans Morgenthau lorsque celui-ci écrivait qu'on ne peut certes pas « considérer un pays comme très puissant parce que sa population est supérieure à celle de la plupart des autres pays, mais il reste vrai qu'aucun pays ne peut rester ou devenir une puissance de premier rang s'il ne fait pas partie des nations les plus peuplées de la terre ».

La France accomplit ainsi la célèbre formule américaine : « La démographie, c'est la destinée. »

Le désarmement démographique du XIXe siècle révéla brutalement l'affaiblissement français, tandis que, tirant les leçons politiques et stratégiques françaises, les Prussiens unifiaient l'Allemagne, gagnée par un dynamisme démographique exceptionnel. Alors que les populations allemande et française étaient encore de taille comparable au début du XIXe siècle, le rapport s'établit à la fin de ce siècle à quinze Allemands pour dix Français. De même, la domination anglaise sur la première mondialisation du XIXe siècle reposait aussi sur une forte croissance démographique, sa population étant multipliée par trois entre 1800 et 1900, passant de onze à trente-sept millions d'habitants, malgré un flux d'émigration de huit millions vers les nouveaux mondes américain, australien, et néo-zélandais. Les États-Unis profitèrent à plein de cette exportation européenne massive – Anglais, mais aussi Allemands, Irlandais, Italiens, etc. – pour passer de moins de dix millions en 1820 à soixante-seize millions au tournant du siècle, et cent vingt-trois en 1920, quand leur prééminence s'annonce clairement sur le XXᵉ siècle. De même, la Russie tsariste était passée, entre Pierre le Grand et Nicolas II, en deux siècles, de vingt à cent millions de sujets.

Cette impasse française diagnostiquée dès le milieu du XIXᵉ siècle explique la passion autour de l'Algérie française. Avec l'indépendance de l'Algérie, ce n'était ni un comptoir ni une colonie, mais un destin qui s'effaçait. La France de cent millions de Français s'éloignait définitivement, et avec elle le rêve de la France de compter au XXᵉ siècle.

À la même époque, l'histoire devint la religion de la France du XIXᵉ siècle. Ce n'est pas un hasard. Michelet en fut le grand prêtre, inspiré et lyrique : « L'Angleterre est un Empire ; l'Allemagne, une race ; la France est une personne. » L'histoire de France fut chantée, écrite, peinte. Édifiée, arrangée, louangée. L'histoire fut érigée par Victor Duruy en matière reine à l'école de la République ; la géographie installée par Vidal de La Blache à ses côtés, comme un écuyer médiéval. La « diversité » des paysages, « une richesse de gamme qu'on ne trouve pas ailleurs », fut exposée en majesté, lointain souvenir de notre ambition unificatrice continentale. L'Hexagone fut magnifié, comme si ce n'était pas une figure géométrique de hasard, comme si la France de Louis XV était une sorte de perfection aboutie. Un idéal, alors que c'était une catastrophe géostratégique et militaire.

Michelet expliquait que la France se découvrit elle-même quand elle comprit, pendant la guerre de Cent

Ans, qu'elle ne voulait pas être comme ces Anglais qui l'avaient envahie. Sans le contredire, Bainville ajouta que tout était déterminé par son conflit millénaire avec les Germains : « La France est mieux qu'une race. C'est une nation. » Tandis qu'il analyse avec pertinence et combat sans détours la « crise de la nation française » au xxᵉ siècle, Max Gallo exalte l'« âme de la France ».

L'histoire qu'on raconte remplace l'histoire qu'on ne fait plus. L'histoire est convoquée en majesté pour nous rappeler notre passé glorieux, alors que le présent n'est plus à la hauteur. De la personne France à l'âme de la France, parce que le corps n'est plus là.

En ce milieu du xixᵉ siècle, où paraissait l'*Histoire de France* de Michelet, l'Allemand Friedrich Ratzel découvrait lors de voyages de jeunesse la Chine, les États-Unis, la Russie ; il saisit que l'avenir appartenait à ces États-continents, rationalisait scientifiquement cette opposition entre terre et mer, puissances continentales et maritimes que Napoléon avait sentie d'instinct, et prôna le rassemblement de tous les pays germaniques sous la domination de la Prusse pour sauver la civilisation allemande menacée par ces mastodontes qui s'avançaient. Il inventait ainsi la géopolitique. D'un côté, le romantisme de l'incarnation ; de l'autre, le rationalisme conquérant.

Un siècle plus tard, l'histoire n'est plus rien, la mémoire tout. La mémoire, dégradé intimiste de l'histoire, elle-même dissoute en une variété de mémoires, des mémoires dans la mémoire, comme on dit « un État dans l'État », qui rivalisent, s'affrontent et, vindicatives, demandent des comptes à l'histoire de France déboulonnée.

Les défaites implacables (de juin 1940 à Diên Biên Phu) et plus encore les vaines victoires (de 1918 à l'Algérie) ont popularisé l'idée de notre déclin. C'est même devenu un lieu commun. Parce que nous ne sommes plus la puissance dominante, note très pertinemment Hubert Védrine, nos compatriotes considèrent que nous ne sommes plus rien. Chacun, chaque communauté, chaque mémoire veut se venger de ce « rien » qu'on juge suffisamment affaibli pour pouvoir être attaqué et écrasé.

L'histoire du XXe siècle pourrait se résumer à cette interrogation française existentielle : Comment trouver un rôle dans la distribution mondiale, alors qu'on n'a plus le rôle-titre, qu'on le sait, qu'on pressent même qu'on aurait dû, et pu, le conserver, et que ce déclassement vous meurtrit, même si on dissimule cette meurtrissure derrière une autodérision qui va jusqu'à la haine de soi ?

Question aux mille réponses. La gaullienne : la bombe atomique et le verbe antiaméricain. La pompidolienne : l'industrie. À l'allemande. La socialiste : la patrie des droits de l'homme. À la suédoise. La France, chevalier du droit international et de la paix : d'Aristide Briand (« guerre à la guerre », crie-t-il à la tribune de la SDN en 1931) jusqu'à Dominique de Villepin (ne faites pas les mêmes bêtises que nous, supplie-t-il les Américains de la tribune de l'ONU, n'imitez pas Napoléon en Espagne, ne soyez pas gaullistes en restant la dernière nation souveraine !).

Pour justifier la « collaboration » avec le vainqueur allemand de 1940, Drieu la Rochelle avait justement excipé de cette « exiguïté » française. Le premier, dès 1944, François Mauriac avait opposé à ces arguments matériels une grandeur immatérielle, d'ordre spirituel,

la justice, les droits de l'homme, etc. : « La nation française a une âme. Oui, une âme. » Il revient paradoxalement à leur ami commun (et de Mauriac et de Drieu),
André Malraux, de donner une réponse opérationnelle
et laïcisée à cette querelle existentielle. Au milieu du
XXᵉ siècle, en effet, par un ultime effort, la France tenta
de retrouver un rôle mondial par la force de frappe
culturelle. La République reprenait l'idée géniale de nos
rois, de François Iᵉʳ à Louis XIV, qui eux-mêmes avaient
imité le mécénat des princes italiens ; mais elle ne disposait plus de la projection armée de nos soldats qui ali-
mentaient alors notre besace artistique en hommes et
en œuvres. On se souvient du mot délicieux de Vivant
Denon, fondateur du musée du Louvre, qui donnait des
consignes précises de pillage aux soldats de la Grande
Armée, et à qui on arracha, après les Cent-Jours, les
œuvres volées et rendues à toute l'Europe : « Mais qui
saura les voir désormais ? »

En 1959, le général de Gaulle offrit à son « génial ami »,
André Malraux, un ministère de la Culture à sa mesure,
sur les décombres du modeste secrétariat aux Beaux-Arts
de la IVᵉ République. Dans l'esprit de Malraux, la France
devait renouer avec son rôle de phare révolutionnaire
mondial, conquis en 1789 et perdu en 1917 ; devant en
abandonner les aspects politiques et sociaux à l'Union
soviétique et aux pays pauvres du tiers-monde, elle
consacrerait toute son énergie et tout son talent à propa-
ger la révolution mondiale par l'art.

Nouveau Monsieur Jourdain, Malraux faisait du « *soft
power* » sans le savoir. La France ne manquait pas
d'atouts. Dans la première moitié du XXᵉ siècle encore,

Paris demeurait la capitale mondiale de la peinture moderne ; le cinéma français fut le seul (avec l'allemand) à résister au rouleau compresseur d'Hollywood, et les grands écrivains américains venaient en France humer l'air vivifiant de la première puissance littéraire. « Il n'y a qu'une seule littérature au monde, la française », plastronnait alors Céline. Dans les années 1960 encore, la chanson française – Aznavour, Brel, Brassens, Ferré, Barbara, Bécaud, etc. – s'avérait la seule à tenir la dragée haute à la déferlante anglo-saxonne partout irrésistible par l'alliage rare de talents exceptionnels et de puissance commerciale et financière.

De Gaulle ne pouvait qu'être séduit ; il laissa la bride sur le cou à son glorieux ministre. Pourtant, le Général, par prudence de politique sans doute, sens du compromis avec les scories de l'époque, « car aucune politique ne se fait en dehors des réalités », amitié peut-être aussi, ne creusa jamais le malentendu qui s'instaura dès l'origine entre les deux hommes. De Gaulle était, dans ses goûts artistiques, un « ancien » ; il écrivait comme Chateaubriand, goûtait la prose classique d'un Mauriac bien davantage que celle torrentielle de son ministre de la Culture ; il préférait Poussin à Picasso, Bach à Stockhausen. La France était pour lui l'héritière de l'Italie de la Renaissance, et de la conception grecque de la beauté. Malraux, lui, était un « moderne » ; hormis quelques génies exceptionnels (Vermeer, Goya, Rembrandt), il rejetait en vrac l'héritage classique de la Renaissance, et lui préférait ce qu'il appelait « le grand style de l'humanité », qu'il retrouvait en Afrique, en Asie, au Japon, en Amérique précolombienne. Il jetait par-dessus bord la

conception gréco-latine de la beauté et de la représentation, « l'irréel », disait-il avec condescendance, et remer-
ciait le ciel, et Picasso et Braque, de nous avoir enfin
ramenés au « style sévère » des grottes de Lascaux ou de
l'île de Pâques. La révolution de l'art que porterait la
France serait donc moderniste ou ne serait pas.

Alors, Malraux et de Gaulle ne retrouvaient pas seulement les mânes des rois-mécènes munificents ; ils
renouaient ainsi avec la plus ancienne tradition nationale qui a fait, on l'a vu, depuis l'origine, de Clovis à
Charlemagne, la « culture », marque de fabrique – et de
fabrication – de notre pays. Mais, pour la première fois
de sa longue histoire, la France ne fondait pas une
« Renaissance » culturelle, et donc politique, sur un res-
sourcement dans notre bain originel gréco-romain.

Dans son dernier essai, *Paris-New York et retour*, Marc
Fumaroli voit dans ce choix malrucien – rupture inouïe
cautionnée par un chef de l'État qui venait justement
pour rétablir sur son socle l'« éternel » français ! – la
cause principale de l'échec final du projet grandiose de
l'auteur de *La Condition humaine*.

« [...] Le rêve d'une religion universelle de l'Art était en
principe tout aussi exaltant que celui d'une révolution politique universelle : son application depuis un demi-siècle à
l'échelle française a été aussi décevante que l'application
du second à l'échelle du monde. Loin de créer un "contre-
modèle" solide et convaincant au marché capitaliste de
l'*entertainment*, comme les gaullistes et les marxistes
français l'espérèrent de Malraux ministre et de ses successeurs socialistes, la politique culturelle inaugurée par
l'auteur des *Voix du silence* parvenu au pouvoir, en

d'autres termes la démocratisation du grand art du modernisme, s'est révélée, au cours de son demi-siècle d'exercice, un accélérateur de cela même qu'elle se proposait d'écarter des frontières françaises : l'afflux d'une culture de masse mondialisée et nivelée par le bas et le torrent des images publicitaires et commerciales déracinant tout ce qui pouvait subsister en France, dans l'après-guerre 1940-1945, de vraie culture commune enracinée comme une seconde nature par des siècles de civilisation. [...] »

Pour Fumaroli, l'Amérique ne pouvait pas perdre ce duel autour de l'« art moderne », qu'elle incarnait presque d'évidence, par sa puissance industrielle, ses gratte-ciel, son vitalisme économique et scientifique. La France de Malraux, au lieu de rester sur ses terres d'excellence de l'art classique, des mots et de la raison (héritées de Rome), vint jouer sur le terrain de l'adversaire, des images et des noces ambiguës de la modernité avec l'irrationnel primitif, même rebaptisé « premier ». L'échec était assuré.

La réplique américaine avait été organisée méthodiquement. Les présidents Kennedy et Johnson étaient alors soucieux de combattre l'influence communiste en Europe. Hollywood fut réquisitionné contre le Soviétique comme pendant la guerre contre l'Allemand.

« Un réseau capillaire faisant coopérer l'USIS, la CIA ("C'est notre ministère de la Culture", avait dit en 1965 George Kennan, le grand théoricien de la guerre froide), le département d'État, Radio Free Europe, les think tanks, les fondations et entreprises privées, organisa le marketing à grande échelle de l'*American way of life* sous les facettes les plus riantes : tournées mondiales de Duke Ellington, diffusion de la pop et de la country music, promotion de l'expressionnisme abstrait new-yorkais, expositions de photographies d'art représentant la vie quotidienne de la grande nation libre et opulente, cinéma et légende des stars, excellentes revues d'idées libérales. *High and low* : l'Amérique sut vendre avec un extrême succès une image de haute culture moderniste, en phase parfaite avec celle d'une science, d'une technique, d'une économie, d'un régime politique et d'une culture de masse vraiment démocratiques et modernes. Les Français eux-mêmes, malgré la pression en sens contraire de l'extrême gauche, de l'extrême droite, et d'une certaine rhétorique gaulliste, furent ébranlés, séduits et conquis » (Fumaroli).

Dans cette bataille culturelle titanesque – que les Américains finirent par gagner au nom de la « liberté » –, la « troisième voie » révolutionnaire française ne tint pas le choc. Son expansion mondiale fut contenue, puis marginalisée ; les soldats de l'an II de l'art finirent derrière une ligne Maginot. Le grand projet gaullo-malrucien, pourtant poursuivi avec une rare constance, voire obstination, par tous leurs successeurs, de droite comme de gauche, de Michel Guy sous Pompidou à Jack Lang sous Mitterrand, jusqu'à Jacques Chirac qui contraignit le conservateur du musée du Louvre à abriter une exposition permanente d'arts « premiers », avant qu'un musée entier quai Branly ne fût consacré à leur gloire, ne tint pas ses promesses.

Fumaroli a sans doute raison de mettre au pilori le choix à la fois élitiste et moderniste, « spenglero-marxiste », comme il dit drôlement, de Malraux. D'autres exégètes, peut-être plus prosaïques, incrimineront les rapports de force militaires et économiques entre une nation-continent et un Hexagone, moignon encore sanglant de l'empire français dépecé en 1815.

Le président Valéry Giscard d'Estaing fut sans doute le seul politique français dans l'histoire du xxe siècle qui ait assumé publiquement le déclin français. C'est sans doute une des raisons pour lesquelles il ne fut pas réélu à la fin de son premier mandat. En 1974, il nous rappelait cruellement que nous ne représentions plus qu'un pour cent de la population. Trente-cinq ans plus tard, il nous pressait encore d'accepter notre destin de « moyenne grande puissance » et nous mettait dans le même sac que l'Espagne ou le Japon. Volontairement humiliant afin de contraindre l'orgueilleuse « grande nation » à baisser la tête devant la déesse Europe, la seule à être à la hauteur de l'avenir, et à la taille des superpuissances qui viennent. Les Français lui rendirent la pareille en refusant son projet de Constitution européenne en mai 2005, brisant la statue du Jefferson européen qu'il avait déjà érigée en son honneur.

L'échec de Giscard ne signifie pas l'inexactitude de ses analyses. L'ancien président raisonne en continents ; son unité de compte est la centaine de millions d'habitants. Il se veut moderne, absolument moderne ; mais si le polytechnicien maîtrise l'esprit de géométrie, il ignore l'esprit de finesse. Les élites françaises « giscardisées » assimilaient nos chers et vieux pays aux cités grecques condamnées à s'unir ou à disparaître. Les vieilles nations dépassées devaient se fondre au sein d'une fédération européenne. Désuet, le patriotisme ; encombrantes, les frontières ; bellicistes, les nations. Le discours fut ressassé au nom de l'individualisme hédoniste sans chaînes ou d'un pacifisme ingénu et bêlant, ou d'un arrogant sens de l'histoire.

Nous vivons pourtant encore le cycle ouvert en 1789 : de la Chine à Israël, des États-Unis à la Russie, le fait national s'impose partout. Seuls les mondes arabo-musulman et africain demeurent, malgré les efforts de certains de leurs chefs, d'Atatürk à Nasser, étrangers à cette idée nationale ; le sentiment d'appartenance à la Oumma islamique a repris le dessus depuis la révolution iranienne de 1979. Mais l'Iran ne retrouve-t-il pas les rêves nationalistes de la Perse en s'efforçant de rameuter derrière lui les masses arabes par les moyens conjugués de la tradition islamique et de la modernité nucléaire ?

Les puissances à l'échelle mondiale (EU, Chine, Russie, Inde) sont toutes d'anciens empires multinationaux transformés en nations pachydermiques par un État niveleur (même aux États-Unis, depuis le New Deal) et une propagande patriotique intensive : le modèle que la France a inventé, et n'a pu mener à son terme.

Non seulement le temps des masses n'a jamais disparu, mais il revient plus fort. On nous a fait croire que *small* était *beautiful*, on nous a fait fantasmer sur les cités-États, Singapour, Hong Kong, on a vanté l'immatériel et le nomadisme des individus ; et on se retrouve avec les mastodontes indien et chinois.

Retour à la normale.

Dans cette guerre des masses qu'elle inventa il y a seulement deux siècles, la France se trouve lilliputienne. La tragique prophétie de Prévost-Paradol s'accomplit.

CHAPITRE 6

Le Général

On nous a enseigné à Sciences-Po que la droite et la gauche avaient échangé leurs conceptions de la nation, au tournant du XXᵉ siècle, la droite endossant à ce moment-là, avec Barrès et Maurras, les habits nationalistes et bellicistes d'une gauche qui abandonnait son messianisme révolutionnaire et patriotique de 1792, pour se convertir à l'internationalisme et au pacifisme avec la figure emblématique de Jaurès.

Cette histoire fut plus complexe et plus subtile. Plus ancienne aussi. En 1789, elle change de mots, d'esprit, mais pas de nature. On a connu autour de nos rois des batailles homériques, feutrées ou sanglantes entre pacifistes et bellicistes, papistes et gallicans, partisans de l'alliance espagnole ou des princes protestants. Les deux camps s'incarnaient alors dans les figures antithétiques de Louvois et de Fénelon, le ministre de la Guerre qui ordonna le « brûlage » du Palatinat et le grand prélat

pacifiste qui vitupéra le Roi-Soleil de trop aimer la
guerre. Ou encore l'affrontement, autour de Richelieu,
entre Marie de Médicis et son fils Louis XIII, entre la paix
et la guerre, mais aussi et surtout entre une Europe
catholique, sous domination espagnole, et une France
qui s'allie au diable – musulman ou protestant – pour
contester la prééminence espagnole sur le continent. Et
le supplanter. On a vu que Louis XV s'inscrivait dans
cette tradition fénelonienne – qu'on pourrait aussi qualifier de matriarcale, cette ligne étant souvent portée par
les femmes, de Marie de Médicis à la Maintenon.

Sous la Restauration, la gauche conjugua sans se lasser
république et patriotisme, reprochant à la monarchie sa
prudence excessive, sa soumission à l'ordre européen
de la Sainte-Alliance, son défaitisme. La gauche républicaine mêlait alors messianisme révolutionnaire et
expansionnisme militariste sans mauvaise conscience.
L'Europe devait être française pour être libre et la France
devait être grande pour être utile au monde ; « le peuple
français vote la liberté du monde », avait proclamé,
superbe, Saint-Just. C'était la « destinée manifeste » de la
France, comme diraient plus tard les Américains pour
définir la mission universelle de leur nation. Les mots
sont piégés : la gauche se disait « nationale » alors qu'elle
était en vérité « impériale » ; avec les accents progressistes, elle retrouvait le projet initialement « romain » de
la monarchie française. Le discours révolutionnaire avait
donné de nouvelles couleurs à l'antique prêche chrétien
des croisés – un autre messianisme déjà porté par les
Français. Les derniers Bourbons furent sincèrement
convaincus lors de la Restauration de remettre leurs pas

dans ceux de leurs illustres devanciers alors que, de gré ou de force, ils avaient endossé la ligne pacifiste qui, à la cour, avait toujours contesté la volonté de nos rois. Ils croyaient aussi mépriser l'horrible « nation » forgée par les révolutionnaires sur le tombeau du « roi-martyr » alors qu'ils tentaient de sauver des griffes d'une Europe de prédateurs une « vieille nation » qui s'était mise en danger de mort pour poursuivre jusqu'au bout son rêve impérial.

Pendant trente ans, « les patriotes » dénoncèrent les trahisons successives de Louis XVIII, Charles X, et Louis-Philippe. Lorsque advint la révolution de 1848, ils déchantèrent.

Ils virent Lamartine renoncer à utiliser les armes pour remettre en cause les traités de 1815, qu'il continuait néanmoins de condamner. De Londres où ils s'étaient exilés, les anciens patrons de la monarchie de Juillet tel Guizot se gaussèrent : « L'influence du gouvernement de 1830 a même survécu à sa ruine. Au-dehors, c'est en maintenant sa politique extérieure que la République qui lui a succédé s'est fait accepter et reconnaître de l'Europe. » Charles de Rémusat fut encore plus ironique : « Le gouvernement provisoire, désireux de se faire tolérer au-dehors, avait adopté en substance la politique des cabinets du roi Louis-Philippe, en laissant à Lamartine le soin de la dissimuler sous des phrases ronflantes et sous l'apparat de la philanthropie et de la fraternité. Comme Louis-Philippe, il se jetait avec empressement sous la protection de l'Angleterre. »

La fraternité (ajoutée en 1848 à liberté et égalité pour forger le triptyque républicain) s'avéra le cache-sexe pour

renoncer à la liberté (ou la mort !) et à l'égalité. Le pacifisme fut l'alibi d'une révision déchirante ; l'internationalisme commença d'habiller le réalisme : la France n'avait
plus les moyens démographiques et militaires de ses
ambitions. Cette mi-temps du siècle marque une charnière pour la gauche française. Lamartine fut l'accoucheur de la mue pacifiste d'une gauche qui renonça peu à
peu à son rêve millénariste, patriotique et impérialiste. Le
« Guy Mollet » de la gauche patriotique et révolutionnaire.
Ce n'était pas étonnant. Lors des Cent-Jours, Lamartine,
mais aussi Chateaubriand, Vigny, Géricault avaient fait le
« voyage sentimental » à Gand, où s'était exilé une fois
encore le roi podagre Louis XVIII. C'était l'époque où Victor Hugo, alors monarchiste mais déjà sublimement
lyrique, disait : « Il n'y a eu dans ce siècle qu'un grand
homme et qu'une grande chose : Napoléon et la liberté. À
défaut du grand homme, ayons la grande chose. » Le
royalisme romantique s'avéra l'agent littéraire qui trans-
féra de droite à gauche les valeurs de la monarchie de
leurs rêves : liberté, Constitution, paix, dans le cadre d'un
ordre européen sous la tutelle discrète de l'Angleterre,
seule puissance mondialisée.

Lorsque Louis Napoléon reprit la politique « nationale » que la gauche avait laissée en jachère, celle-ci
trouva un prétexte magnifique pour avouer son changement de pied. L'opposition systématique à Napoléon le
Petit servit de boussole unique. Mais « la base » ne suivit
pas ; elle continua d'assumer le rôle messianique – et
impérialiste – de la France libératrice des peuples. En
1870, tandis que les élites se jetaient dans les bras de Bismarck pour mieux les protéger des « classes dange-

reuses », Gambetta renoua avec les mânes de Danton, le peuple parisien chaussa les bottes de 1792 ; mais un siècle de déclin démographique, de repli de l'outil militaire, les avait rendues trop grandes pour la France.

La gauche poursuivit sa trajectoire. Son messianisme universaliste la conduisit sur les pentes savonneuses de la colonisation ; son antimilitarisme – plus que le philosémitisme – la poussa finalement vers le dreyfusisme ; elle signa toutefois l'échec de sa stratégie lamartinienne – reprise par Jaurès – le jour de la déclaration de guerre de 1914, et de la réalisation instantanée de l'Union sacrée : non seulement Jaurès ne réussit pas à arrimer la classe ouvrière allemande à la cause de la paix, mais la gauche française, comme un seul homme, se rangea sous les drapeaux.

Mais, en 1917, la révolution russe arracha ce drapeau du progressisme universaliste des mains lasses de la gauche française. Dostoïevski l'avait annoncé avec un souffle inégalé digne des premiers prophètes de la Bible : « Tout peuple n'est un peuple que tant qu'il possède son propre Dieu, il triomphera de tous les autres Dieux et les chassera. Telle était précisément la foi de tous les grands peuples, de tous les peuples au moins qui ont joué un certain rôle dans l'histoire et ont marché à la tête de l'humanité. Impossible de lutter contre les faits. Les Juifs n'ont vécu que pour attendre le vrai Dieu et ont légué au monde le vrai Dieu. Les Grecs ont divinisé la nature et ont légué au monde leur religion, c'est-à-dire la philosophie et la science. Rome a divinisé le peuple dans l'État et a légué aux peuples l'idée de l'État. La France, incarnation du Dieu romain, n'a fait, tout au long de son histoire, que développer l'idée de ce Dieu romain, et si elle peut le jeter à bas et s'est précipitée elle-même dans l'athéisme, qui s'intitule là-bas provisoirement socialisme, c'est uniquement parce que l'athéisme est, malgré tout, plus sain encore que ce catholicisme romain. Si un grand peuple cesse de croire qu'il est le seul capable, grâce à sa vérité, de rénover et de sauver les autres peuples, il cesse aussitôt d'être un grand peuple et devient une simple matière ethnographique. Un peuple vraiment grand ne se contentera jamais d'un rôle secondaire dans l'humanité, ni même d'un rôle de premier plan : ce qu'il lui faut, c'est la toute première place, le rôle unique. Cependant, la vérité est une, et, par conséquent, parmi tous les peuples il n'y en a qu'un qui détienne le vrai Dieu, si puissants que soient les Dieux des autres peuples. Le seul peuple "théophore" est le peuple russe » (*Les Démons*).

Un terrible affrontement au sein de la gauche française entre messianisme révolutionnaire et patriotisme débutait qui ne s'achèverait qu'en 1942, lors de l'entrée en guerre de l'Union soviétique.

La paix devint la valeur suprême de la gauche, dès après le « plus jamais ça » de 1914-1918 ; mais elle ne renonça pas à sa quête de l'unité du continent européen, la nostalgie inconsciente de la « paix romaine », quitte pour certains à l'accepter sous le drapeau germanique, vérifiant l'âpre constat dressé par Drieu La Rochelle dans son célèbre roman *L'Homme à cheval* : « Qu'est-ce qu'un palais bolivien pour celui qui a rêvé de l'Amérique ? Sa patrie est amère à celui qui a rêvé l'empire. Que nous est une patrie si elle ne nous est pas une promesse d'empire ? »

À l'enterrement d'Henriot, le chantre radiophonique de la Collaboration exécuté en 1944 par la Résistance, un orateur n'hésita pas à le comparer à Jaurès : tous deux morts pour la paix avec l'Allemagne.

Déjà, lorsque le gouvernement avait arrêté l'offensive de Nivelle en 1917 et ôté son commandement au général Mangin, Briand, lui aussi au placard, et grand connaisseur des arcanes parlementaires, avait décrypté pour le naïf général la manœuvre dont il avait été victime : « Ils veulent mener une guerre de gauche, c'est-à-dire qu'ils souhaitent une paix imposée non par la victoire, mais par le blocus et par la supériorité numérique due à l'arrivée des Américains. Ils ne veulent pas de victoire militaire française, de peur de la répercussion qu'une victoire pourrait avoir sur les élections. Attendre l'arrivée des Américains puis démobiliser progressivement en s'arrangeant pour ne pas faire des élections tout d'un coup. Pétain est leur homme pour cela. » Avant de conclure, sibyllin : « C'est toujours l'affaire Dreyfus qui commande tout. »

On ne comprend goutte à cette phrase absconse si on s'en tient à l'historiographie traditionnelle qui nous a enseigné la vision des deux France, de droite et de gauche, la réactionnaire et la progressiste, l'antisémite et l'antiraciste, celle des catholiques et celle des Lumières. L'affaire Dreyfus est une des balises les plus célébrées de notre glorieux chemin historique. La formule de Briand devient lumineuse si l'on suit, comme l'a fait l'historien israélien Simon Epstein, dans son livre *Un paradoxe français*, des dreyfusards, encore jeunes pendant l'Affaire, jusqu'à la fin de leur vie : « Les dreyfusards, sous l'Occupation, verseront majoritairement dans le pétainisme ou d'autres formes de collaboration, au point qu'on peut dire – après avoir enfilé une bonne cotte de mailles – que la collaboration, pour beaucoup d'entre eux, fut bien plus la continuation du dreyfusisme qu'elle n'en fut la négation. Cette vérité est indicible, elle porterait durement atteinte au message éducatif porté par l'Affaire et elle heurterait de front l'un des acquis les plus sacrés de l'idéologie franco-républicaine. Préserver l'aura du dreyfusisme et la pureté des dreyfusards est d'une simplicité déconcertante : il suffit de ne pas prolonger les biographies au-delà, mettons, de la Première Guerre mondiale. Les années ultérieures se perdent dans un épais brouillard que les historiens, dans leur quasi-totalité, ne chercheront pas à dissiper. » Ces listes interminables, édifiées par Epstein, de radicaux, socialistes et communistes, devenus collaborateurs en 1940, nous font comprendre que nous sommes loin des dérapages d'un Déat ou d'un Doriot.

Le vrai clivage politique qui éclaire l'histoire de la France du XXe siècle n'est pas entre la droite et la gauche, mais entre la guerre et la paix, entre la nation et l'empire.

La gauche fut majoritaire à Vichy, et surtout à Paris, au milieu des collaborateurs ultras, nazis de passion plus que de raison, parce que c'est dans la gauche qu'à partir de cette Union fraternelle de l'Europe promise jadis par Lamartine, reprise après la guerre de 1914 par Briand, le pacifisme est chez lui dans ses murs ; et que la gauche révolutionnaire, jacobine avait fait jadis de l'empire, de la défense *a minima* des frontières naturelles, sous Napoléon, son ultime projet politique, après que ses ambitions démocratiques eurent sombré dans la fureur sanguinaire de la Terreur ou la concussion des satrapes du Directoire.

Puisque la France et sa Grande Armée ne pouvaient plus imposer « la paix romaine », la gauche conserverait l'objectif, mais utiliserait pour l'atteindre l'armée allemande. Dans les années 1930, ces philosémites convaincus, habitués des réunions de la LICA, tournèrent à l'antisémitisme véhément à partir du moment où les Juifs, persécutés par Hitler, leur semblèrent potentiellement des causes – et parfois des militants – de la guerre avec Hitler, alors qu'au cours des années 1920, parmi les élites juives, le plus souvent de gauche, l'amitié avec l'Allemagne weimarienne se portait à la boutonnière. On comprend mieux alors pourquoi les plus célèbres phrases de Pétain, « la terre, elle, ne ment pas », et « ces mensonges qui nous firent tant de mal », furent écrites par la plume alerte d'Emmanuel Berl, intellectuel juif de gauche.

Jean-Paul Sartre, dans « Qu'est-ce qu'un collaborateur ? », avait déja tout révélé : « Si par exemple le pacifisme français a fourni tant de recrues à la collaboration c'est que les pacifistes, incapables d'enrayer la guerre, avaient tout à coup décidé de voir dans l'armée allemande la force qui réaliserait la paix. Leur méthode avait été jusque-là la propagande et l'éducation. Elle s'était révélée inefficace. Alors ils se sont persuadés qu'ils changeaient seulement de moyens : ils se sont placés dans l'avenir pour juger de l'actualité et ils ont vu la victoire nazie apporter au monde une paix allemande comparable à la fameuse paix romaine. [...] Ainsi est né un des paradoxes les plus curieux de ce temps : l'alliance des pacifistes les plus ardents avec les soldats d'une société guerrière. »

Edgar Morin, vingt-cinq ans après la fin de la guerre, confirme l'analyse dans son *Autocritique* : « Une logique

naturelle poussait les socialistes pacifistes à la collaboration ; puisqu'ils excluaient toute guerre de libération, ils
ne pouvaient que s'adapter au fait accompli [...]. Au
départ, chez eux, il y a l'horreur de la guerre, la volonté
de s'insérer dans le réel, d'y frayer aux moindres frais les
voies d'évolution du socialisme. Mais insensiblement
ceux qui ne surent se reprendre furent entraînés vers le
national-socialisme. Le chas qui ne laissait passer que le
premier fil de la collaboration se distendit jusqu'à ce que
s'y engouffrent stukas et panzers. Les ennemis de la
guerre devinrent les apologétistes de la conquête nazie.
Les internationalistes devinrent antisémites. Ce ne sont
pas les grands coups du destin qui dégradent les hommes,
mais l'insensible et lente dérive. »

Ces républicains, radicaux, socialistes, communistes,
antiracistes, progressistes de toutes obédiences retrouvèrent ainsi sans le vouloir les chemins, déjà empruntés
par certains sous la monarchie, la Révolution, et
l'Empire, du pacifisme au défaitisme, jusqu'à la trahison.

Après la Seconde Guerre mondiale, les socialistes
raccrochèrent leur wagon au nouveau train européo-
atlantiste de Monnet, tandis que les communistes, aidés
par de Gaulle, firent accroire que leur patriotisme français
avait toujours été celui éclatant d'après l'invasion de
l'URSS par les troupes allemandes en juin 1941. En vérité,
les communistes furent les derniers, à gauche, qui prolon-
gèrent, jusqu'en 1989, la sempiternelle mystique impériale
de l'union du continent et de la « paix romaine », mais ils
avaient déplacé Rome jusqu'à Moscou.

En 1968, les notables repentis, anciens thuriféraires de
l'Europe allemande blanchis sous le harnais étoilé de

l'Europe otanienne, tout autant que les communistes revendiquant leurs « 100 000 fusillés », furent tournés sur leur gauche internationaliste par une nouvelle génération cosmopolite. Celle-ci mariait mépris du peuple français, haine d'une France collaborationniste, colonisatrice, raciste, et la quête parmi les immigrés arabo-africains d'un nouveau peuple mythique révolutionnaire, retrouvant sans le savoir les intuitions d'un Mangin qui rêvait de sa « force noire » comme les successeurs des héros de Valmy.

Depuis quelques années, la montée en puissance démographique de l'islam en France renouvelle les termes de l'affrontement des deux gauches entre ceux qui, craignant davantage les ravages liberticides de l'islam, se mettent sous la protection de l'Amérique au nom de l'alliance des démocraties – comme Lamartine se mit sous celle de l'Angleterre – et ceux qui, ne renonçant pas à leur quête révolutionnaire initiale, voient en l'islam la nouvelle religion des pauvres qui donnera l'effet de levier suffisant pour chasser la domination bourgeoise, américaine – et juive, qualifiée hypocritement de sioniste. Elle met de nouveau en difficulté les élites juives de gauche qui conduisirent le mouvement antiraciste dans les années 1980, associèrent étroitement toute agression contre les Arabes – et même toute tentative pour endiguer l'immigration de peuplement qui s'est développée au cours de ces deux dernières décennies – aux persécutions nazies contre les Juifs. Ébranlées par leur solidarité avec Israël, effrayées par la concurrence victimaire qui réveillait un antisémitisme virulent parmi les populations d'origine africaine et arabo-musulmane vivant en France, celles-ci se sont séparées de leurs anciens alliés d'extrême

gauche, qui vitupèrent désormais leur « islamophobie »
comme, cinquante ans plus tôt, on leur reprocha leur
« bellicisme ».

Le fameux « sinistrisme » français pousse depuis deux
siècles le théâtre politique dans un mouvement continu
vers la gauche, et transforme inexorablement la droite
française en une ancienne gauche désillusionnée, et
l'ancienne droite en un extrémisme qui n'a souvent
besoin de personne pour s'ostraciser.

Le nationalisme français de la fin du xixe siècle est pourtant plus complexe que sa caricature. Un nationalisme de
défaite, de repli sur soi, pour panser ses plaies, de ressen-
timent, de nostalgie, et même de paranoïa. Mais un nationalisme qui refuse de suivre les penchants racistes de son
grand ennemi germanique : « Nous sommes des nationalistes. Nous ne sommes pas des nationalistes allemands,
pouvait-on lire dans le journal de l'Action française du
1er octobre 1926. Nous n'avons aucune doctrine qui nous
soit commune avec eux. Toutes les falsifications, tous les
abus de textes peuvent être tentés : on ne fera pas de nous
des racistes ou des gobinistes. »

Un siècle plus tard, Pierre-André Taguieff, dans *La
Couleur et le sang*, leur donnera acte : si le racialisme de
Gobineau n'a pas fait école en France, c'est notamment
du fait « de l'incompatibilité du nationalisme français,
incarné par l'Action française, avec toute forme de maté-
rialisme biologique ».

En 1918, seul Bainville, l'historien de l'*Action française*,
comprit que le traité de Versailles n'effacerait pas celui de
Vienne de 1815. Il était, selon la formule célèbre, trop mou
pour ce qu'il avait de dur, trop dur pour ce qu'il avait de

mou ; tout était vain. Devant la faiblesse de la France, une partie de la droite fut tentée de renoncer et d'abandonner toute politique nationale dans le giron protecteur de l'Europe allemande ; une minorité, de ressusciter le programme réactionnaire de Charles X contre 1789 ; certains rares esprits y verraient l'occasion tant attendue de se venger d'une Angleterre qui avait empêché opiniâtrement la domination française sur l'Europe. L'essentiel était désormais l'unification du continent, retrouver cet Empire romain qui nous échappait chaque fois que l'on croyait l'avoir ressuscité, même sous direction germanique : « Il faut détruire Carthage », scandait inlassablement Philippe Henriot sur les ondes de Radio-Paris. C'est ainsi que la droite des affaires retrouva la droite des « idéalistes » de l'Europe nouvelle qui rêvait d'un monde débarrassé de l'influence ploutocratique que les Anglais avaient transmise au monde *via* leur empire, l'Amérique, et... le poison juif. Ceux-ci – néo-pacifistes et vieux antisémites – retrouvèrent leurs adversaires de gauche – néo-antisémites mais vieux pacifistes – qui les jugèrent souvent collaborateurs trop tièdes, trop imprégnés encore par la germanophobie maurrassienne.

Ils n'avaient pas tort. Le maurrassisme survécut à Charles Maurras. Alors que le vieux maître soliloquait sur « la divine surprise » de la victoire politique de Pétain – qu'on interpréta, ingénuement ou malignement, comme une satisfaction affichée de la défaite –, beaucoup de ses disciples, imprégnés du patriotisme et de la germanophobie qu'il leur avait inculqués, refusèrent la défaite, et se retrouvèrent aux premières loges à Londres ou dans le maquis.

Au milieu d'un nouvel amoncellement de noms et de biographies, mais dans le sens inverse, Simon Epstein exhume l'un des secrets bien gardés de la République, à savoir la domination sans conteste, à Londres et dans les premiers maquis, de la gente d'extrême droite, anti-dreyfusards vieillissants, militants juvéniles de l'Action française, admirateurs éblouis de Charles Maurras, souvent antisémites, parfois même cagoulards, qui surmontèrent difficilement leurs préventions à l'égard des Juifs et des Anglais, pour se battre à leurs côtés sous l'étendard glorieux de la France libre gaulliste et de la Résistance. Georges Valois, fondateur du Faisceau, embryon de mouvement fasciste dans les années 1920, périra à Bergen-Belsen ; Jacques Arthuys, dirigeant de son organisation civile et militaire (OCM), périra lui aussi en déportation ; Philippe Barrès, le fils de Maurice Barrès, sera gaulliste ; Jacques Debû-Bridel, André Rousseaux, Philippe Lamour. « À lire les noms, à étudier les biographies et à évoquer les destins de ces membres du Faisceau, on en vient à penser – en forçant, bien sûr, la boutade à l'extrême – que, si la France a collaboré, ce n'est pas d'avoir été trop fasciste, ce serait plutôt de ne l'avoir pas été assez... »

Mais l'arbre Maurras cacha la forêt des résistants maurrassiens. Nouveau paradoxe français pointé par Simon Epstein : « Que le pacifisme fut le vecteur principal de la collaboration, que les pacifistes furent nombreux à collaborer, et qu'ils fournirent de très nombreux collaborateurs, que la gauche fut dominante dans la collaboration parce qu'elle fut dominante dans le pacifisme – toutes ces vérités dérangeantes échapperont aux politiciens, aux polémistes et aux historiens soucieux d'inculper "toutes les droites" et de leur faire porter le chapeau exclusif des erreurs, des trahisons et des crimes qui ont endeuillé, à jamais, les années 1940-1944. Ils chargeront Maurras de forfaits commis par des gens qui, pour beaucoup, étaient des anti-maurrassiens endurcis. Ils s'acharneront sur La Rocque, qui, vraiment n'y était pour rien. Ils débusqueront des "fascistes" un peu partout, y compris (et surtout là) où il n'y en avait pas et ils ignoreront les pacifistes, intransigeants et candides à la fois, qui se fascinèrent pour l'Allemagne de Hitler autant qu'ils s'étaient pris d'empathie, quelques années auparavant, pour celle de Stresemann. Ils poursuivront de leur vindicte ceux qui disaient "mieux vaut Hitler que Blum" ou "mieux vaut Hitler que Staline" mais déborderont de prévenance pour ceux qui, au même moment, avec autant de souffle et autant de conviction, scandaient : "Mieux vaut la servitude que la guerre". »

La droite mourut d'un crime majoritairement commis par la gauche (hormis les communistes, bien sûr, mais à partir de juin 1941). La droite perdit son influence sur les esprits *via* l'université, mais surtout renonça à ce qui faisait sa limite, mais aussi sa grandeur : le conservatisme. Elle adopta le zèle frénétique de l'époque, le mouvement perpétuel confondu avec le progrès, et battit en retraite devant les exigences d'un marché dont elle s'enticha, sans se rendre compte que la domination sans partage de celui-ci imposait la mort de tout ce à quoi elle tenait : famille, travail, patrie. La droite française n'avait pas lu Marx ! Seul le général de Gaulle tenta l'impossible synthèse, le mouvement et le conservatisme, la droite et la

gauche, la nation et l'Europe, l'autorité de l'État et la démocratie, l'industrialisation à marches forcées et le respect
des traditions, la massification de l'école et le maintien du
niveau scolaire, l'alliance américaine et l'affirmation de la
puissance française. Mais son suicide électoral de 1969
sonna comme le renoncement du grand homme à tenir
ensemble tous les fils d'une époque qui le portait où il ne
voulait pas aller.

Mai 68 tua de Gaulle parce qu'il dévoila le mystère de
sa gloire, en révéla les aspects ridicules, lorsque des
jeunes gens de vingt ans désarmés l'imitèrent, le singè-
rent, le parodièrent, en faisant du verbe leur seule arme
de destruction massive. La « déconstruction » deleu-
zienne avait joué à plein son rôle nihiliste. De Gaulle ne
survécut qu'en mimant une dernière fois la montée aux
extrêmes de la guerre civile, par sa « fuite » à Baden-
Baden, en concentrant des troupes aux portes de Paris.
Puis, humilié, il trouva la première occasion pour abandonner le pouvoir et la vie, lassé de « faire comme si ».

C'est sa faiblesse qui depuis lors séduit tant la gauche,
sa puissance limitée au verbe ; fort, il eût été un vulgaire
Richelieu ou Napoléon ; faible, il était un poète. Admirable. Il aurait tant plu à Mme de Staël.

La gauche intellectuelle française ne cache plus désormais sa fascination pour de Gaulle. Après l'intermède de
sa présence au pouvoir, où elle fit semblant de voir en lui
un général fasciste – selon la thématique forgée par la
IIIe internationale communiste dès les années 1930, qui
recommandait de caricaturer tout adversaire de droite
sous les traits d'un fasciste – puis « l'homme des trusts et
de la bourgeoisie », elle l'a récupéré sans vergogne dès

son abandon du pouvoir, coupant, occultant, déformant. Réécrivant la geste.

Aussitôt après que le géant mourut, les deux droites se rapprochèrent peu à peu jusqu'à fusionner. État contre marché, nation contre Europe, Paris contre province, ces affrontements classiques jetèrent leurs derniers feux, un brin forcés, surjoués, entre Valéry Giscard d'Estaing et Jacques Chirac. La victoire politique finale de Chirac sonna paradoxalement le glas idéologique de la droite bonapartiste et gaulliste, vaincue par la mondialisation et l'Europe. Un curieux partage des rôles s'ébaucha tacitement, la droite gaulliste et bonapartiste conservant les meilleures places, tandis que sa vieille rivale orléaniste, libérale, européiste, conquérait les esprits. Cette « orléanisation » générale ouvrit un espace politique inespéré à une droite « nationale » qui tentait vainement jusque-là de rassembler au sein d'un même mouvement anciens résistants maurrassiens et collabos non repentis, dont certains s'étaient retrouvés à l'occasion du combat perdu pour l'Algérie française. Mais ce Front national – nom inspiré de manière révélatrice à Jean-Marie Le Pen par le rassemblement forgé par les communistes à la Libération –, s'il permit à la gauche socialiste de François Mitterrand de perdurer au pouvoir, ne réussit jamais à vaincre l'ostracisme autour de son parti en souvenir – certes confus et nébuleux, et fort schématique – de la Seconde Guerre mondiale.

La gauche régla de la même manière le séculaire affrontement des deux gauches au cours du second mandat de François Mitterrand. La gauche jacobine et égalitariste garda le pouvoir, tandis que sa vieille rivale girondine et libérale imposait ses idées. Il n'est pas innocent que le seul président de gauche sous la Ve République fût l'incarnation de l'histoire de la gauche au XXe siècle, commençant sa carrière à l'extrême droite, et la finissant à gauche, pétainiste mais pas antisémite, vichysto-résistant mais jamais vraiment gaulliste, et qui, de dissimulations en mensonges partiels, réécrivit en permanence une histoire de sa vie et de la France, loin de la réalité historique, comme si celle-ci était indicible.

Un an et demi après le début du mandat de Nicolas Sarkozy, en 2007, on put se dire que le clivage de la campagne de 1995 avait bien été entre les deux droites incarnées par Édouard Balladur et Jacques Chirac, et non entre droite et gauche, comme avait alors tenté de le faire accroire le malheureux Lionel Jospin. Ce n'était pas non plus la lutte contre la fracture sociale, thème de campagne qui permit à Jacques de passer de justesse devant Édouard. Le vrai clivage fut géostratégique. Mais les deux protagonistes ne le savaient pas encore.

À la suite de l'intervention américaine en Irak de 2003, le président Chirac ébaucha en effet une alliance continentale inédite entre la France, l'Allemagne et la Russie face à l'alliance des Américains, des Anglais, et des pays européens des « côtes », de l'Espagne à la Pologne. C'était le retour imprévu de l'affrontement sempiternel de la terre contre la mer, le vieux rêve de Napoléon revisité par de Gaulle. À l'ONU, son ministre des Affaires étrangères, Dominique de Villepin, fit ardemment campagne auprès des pays africains, sud-américains, et asiatiques, afin que la résolution de l'ONU autorisant les Américains à intervenir en Irak ne fût pas adoptée. Son mémorable discours à la tribune de l'ONU s'avéra décisif. Les Américains, ulcérés, renoncèrent à obtenir la bénédiction onusienne. Villepin avait ainsi renoué avec la politique traditionnelle de la monarchie française de protecteur des « petits » et des faibles contre l'empire ; mais il avait modernisé cette antique stratégie en la parant des atours modernistes du droit international. Un mariage paradoxal entre le cardinal de Richelieu et Aristide Briand. L'alliance continentale ne dura pas ; les Américains entreprirent méthodiquement de la rompre, renouant avec la vieille tactique britannique du « diviser pour régner ». Le chancelier Schröder fut remplacé par Angela Merkel, qui ramena l'Allemagne dans les bras américains ; le Russe Poutine ne prit pas au sérieux les seuls Français.

À la veille de l'élection à l'Élysée de son ancien élève Nicolas Sarkozy, Édouard Balladur avait au contraire défendu, dans un livre passé inaperçu, l'alliance des démocraties rassemblées au sein d'un Occident assiégé démographiquement, et demain économiquement, voire militairement. Ce concept d'« alliance démocratique » réinventé par les néoconservateurs américains avait déjà servi à l'Angleterre au XIXe siècle pour glorifier le rôle du lieutenant français contre les régimes autoritaires et archaïques allemand et russe, qui menaçaient sa domination industrielle (Allemagne) et géostratégique (le grand jeu avec la Russie autour de l'Afghanistan, pas loin de l'Inde), comme aujourd'hui les pays autoritaires, Chine, Russie (sans oublier l'Iran islamique) contestent la suprématie des États-Unis. Alors qu'il défendait son choix otanien, Nicolas Sarkozy devenu président n'hésita pas à affirmer qu'il réintégrait ainsi « la famille occidentale ». Louis-Philippe l'emportait sur Napoléon et Talleyrand sur Richelieu.

Les balladuriens comme les chiraquiens paraient leur stratégie des oripeaux glorieux de l'Europe. Jacques Chirac et Gerhard Schröder avaient tendu la main à Vladimir Poutine, pour fonder une Europe réellement indépendante des États-Unis, après que les Britanniques et les pays d'Europe centrale eurent rallié l'intervention de George Bush en Irak. Le président Sarkozy décida le retour de la France dans les instances militaires intégrées de l'OTAN, pour convaincre des alliés européens rétifs qu'il n'y avait pas conflit mais complémentarité avec une défense européenne.

Dans son plaidoyer, le président Sarkozy insista beaucoup – au contraire de sa dilection habituelle pour la spectaculaire rupture – sur la continuité de son action par rapport à ses deux prédécesseurs, François Mitterrand et Jacques Chirac. Il n'avait pas tort. À la chute du mur de Berlin et de l'Union soviétique, le président Mitterrand jugeait que la fin de la guerre froide rendait vaine l'Alliance atlantique. L'Europe de la défense devait dans son esprit la remplacer. Il ne trouva personne pour l'édifier avec la France. Au contraire, la première guerre du Golfe trouva les soldats français aux côtés de l'allié américain au nom de la défense du « droit international » mis à mal par l'invasion du Koweït par les troupes irakiennes. En 1993, les troubles en Bosnie conduisirent le président Mitterrand à accepter que les avions français fussent déployés en Italie sous commandement de l'OTAN ; puis le chef d'État-major des armées assista aux réunions du comité militaire de l'Alliance pour chacune des opérations militaires où nos forces étaient engagées. Un engrenage que décrit l'amiral Lanxade, alors chef d'État-major des armées françaises : « C'était la première fois que la France participait à une opération de l'OTAN. Mitterrand a accepté, bien malgré lui, de se rapprocher du commandement intégré, parce qu'on ne pouvait engager nos forces dans le cadre de l'Alliance sans être impliqués dans la planification. » En 1995, le président Chirac rendit cette participation permanente. Au Kosovo, puis en Afghanistan, Chirac participa de nouveau aux opérations militaires sous l'égide de l'OTAN. Allant au bout de cette logique, Chirac envisagea sérieusement de ramener officiellement la France dans les instances intégrées de l'Alliance atlantique. Il finit par y renoncer, devant le refus hautain des Américains d'accorder à un général européen la direction du commandement sud et en particulier de la fameuse 6e flotte basée à Naples. Encore et toujours *Mare nostrum* ! En 2004, une centaine d'officiers français furent malgré tout envoyés dans les commandements suprêmes, à Mons, en Belgique, à Norfolk, aux États-Unis. Peu à peu, l'armée française a cessé d'être une armée nationale pour devenir une armée otanienne. Beaucoup d'officiers ne s'expriment plus qu'en anglais, comme ces cadres de multinationales américaines.

C'est sous les auspices du droit international, de l'ingérence humanitaire, enfin de la lutte contre le terrorisme, que la France fut ramenée sous le « protectorat américain ». La carrière d'un Bernard Kouchner, ministre des Affaires étrangères du président Sarkozy, illustre et résume jusqu'à la caricature cette réédition française. Une caméra de télévision a éclairé le moindre de ses pas, un sac de riz à l'épaule, qui le conduisirent en quarante ans de l'internationalisme communiste soviétique jusqu'au néoconservatisme américain, en passant par le droit d'ingérence humanitaire. Le jeune homme qui se présentait à l'ambassade de Cuba pour défendre le régime de Fidel Castro attaqué dans la baie des Cochons en 1961 se révéla quelques années plus tard agent malgré lui des services secrets français, lorsque Foccart utilisa son dévouement et son énergie au service des intérêts pétroliers français, pour détacher le Biafra de sa tutelle nigériane sous domination anglaise. Alors, le père Joseph gaulliste tirait encore les ficelles de ce saint Vincent de Paul médiatique, dans le cadre plus global de la grande alliance entre gaullistes et communistes contre les Anglo-Américains. Et puis le *French doctor* s'émancipa, et finit – sans trop oser le clamer par prudence – par approuver l'expédition américaine en Irak de 2003. Le fil rouge d'une semblable carrière est bien l'internationalisme et la quête d'un empire dominant, quête fondée sur la conviction profondément ancrée de l'inéluctable déclassement français.

Les communistes y répondirent naguère par l'empire soviétique, et les atlantistes, par l'OTAN. Aujourd'hui encore, les élites françaises se sentent parties intégrantes d'un Occident sous domination du grand frère américain. Elles ont été rejointes par nombre d'anciens communistes comme Kouchner, qui, abandonnant les rives staliniennes, mais conservant la foi internationaliste, la nommant droit d'ingérence, humanitarisme, droits de l'homme, achèvent leur périple idéologique sous la protection débonnaire ou impérieuse – selon les moments et les présidents – de l'Oncle Sam.

C'est toujours la même histoire recommencée depuis deux siècles. Les maîtres changent, Anglais, Allemands,

Soviétiques, Américains, le choix impérial reste. Quel que soit le maître choisi, tous ses servants français tirent les mêmes conclusions de la défaite française de Waterloo, de son incapacité à dominer et unifier l'Europe continentale.

La religion des droits de l'homme joue ainsi le rôle qu'avait tenu longtemps le catholicisme pour vaincre notre esprit insoumis.

L'OTAN transformée en bras armé de la « famille occidentale » dans le monde nous conduit inéluctablement à l'endroit précis où de Gaulle refusait de se rendre.

Le général de Gaulle avait en effet décidé de sortir la France des organismes militaires intégrés de l'OTAN en 1966 – mais non de quitter l'Alliance – pour ne pas être contraint de suivre les Américains dans des aventures extérieures au front européen. Il visait alors le bourbier vietnamien. Il voulait aussi expulser les troupes américaines du sol français pour en finir avec ce qu'il considérait en dépit de tout comme une « occupation ». Il tenait enfin à préserver l'autonomie de sa toute neuve force de frappe nucléaire si chèrement acquise. « La volonté qu'a la France de disposer d'elle-même, volonté sans laquelle elle cesserait bientôt de croire en son propre rôle et de pouvoir être utile aux autres, est incompatible avec une organisation de défense où elle se trouve subordonnée », expliqua-t-il lors de sa fameuse conférence de presse du 21 février 1966. À un autre moment, il évoqua carrément « le protectorat américain organisé en Europe sous couvert de l'OTAN ».

Dès 1958, n'avait-il pas écrit dans son mémorandum adressé aux Américains et aux Anglais : « L'OTAN ne correspond plus aux nécessités de notre défense » ? Il se contentait alors de réclamer officiellement plus de pouvoirs pour la France au sein de l'Alliance. Sa décision était déjà prise. Il l'expliqua à Peyreffite cinq ans plus tard : « Ce mémorandum n'était qu'un moyen de pression diploma- tique. Je cherchais alors à trouver un moyen de sortir de l'OTAN et de reprendre ma liberté que la IVᵉ République avait aliénée. Alors, j'ai demandé la lune. J'étais sûr qu'on ne me l'accorderait pas… En ne répondant pas à mon mémorandum [les Américains et les Anglais] m'ont per- mis de prendre des dispositions qui m'amenaient peu à peu à sortir de l'OTAN, ce que je n'aurais pas pu faire si je n'avais d'abord essuyé un refus. En fait, c'est ce que nous avons fait pas à pas depuis 1958. »

Dès 1959, la flotte française basée en Méditerranée se retira du commandement de l'OTAN ; en mai, de Gaulle s'opposa au stockage des forces nucléaires américaines sur le sol français ; en 1962, les divisions françaises rapa- triées d'Algérie ne furent pas réaffectées à l'OTAN ; en 1964, les forces navales françaises quittèrent les com- mandements intégrés de l'Atlantique.

De Gaulle imaginait que la fin de la menace soviétique sur l'Europe centrale, qu'il s'efforçait d'obtenir par sa politique de « détente, coopération, entente », entraîne- rait la dislocation de l'Alliance atlantique. Il se trompait. La chute du mur de Berlin, la fin de l'Union soviétique, la rupture du pacte de Varsovie, consacrèrent au contraire la pérennité de l'OTAN vers laquelle affluèrent tous les pays qui craignaient plus que tout le retour de la menace russe. Les Américains triomphèrent. Jean-Pierre Chevè- nement avait fort judicieusement moqué les partisans de l'Europe fédérale, débordés par l'élargissement de l'Union européenne : « Le mur de Berlin tombe. Un mort :

Jacques Delors ! » On pourrait le parodier : le mur de Berlin tombe. Un mort : de Gaulle.

Tous ses successeurs ont peu à peu vidé la politique gaullienne de sa substance, au nom de l'Europe. La défense européenne est pourtant une utopie qui n'existe que dans l'esprit des Français. Depuis que le Parlement français a enterré la CED en 1954, les autres, tous les autres, et pas seulement les Britanniques ou les pays d'Europe centrale, considèrent qu'il est inutile de dépenser une deuxième fois pour ce qui existe déjà ; à leurs yeux, la défense européenne porte l'uniforme américain. La France elle-même, sans le dire, tient le même raisonnement. Au temps du général de Gaulle, elle consacrait 4 % de son produit intérieur brut à la défense nationale ; aujourd'hui, elle atteint péniblement 2 % en tenant compte des dépenses de fonctionnement. Le rapprochement progressif de l'OTAN va de pair avec la décision du président Chirac d'abandonner la conscription pour une armée professionnalisée. Le vieux débat entre la « quantité » et la « qualité » ressurgit ainsi des profondeurs de l'histoire où la Restauration l'avait enfoui. Aujourd'hui, comme hier, la « qualité » est préférée lorsque la France insère ses forces armées dans le cadre élargi d'une mondialisation dominée par une puissance thalassocratique, l'Angleterre hier, les États-Unis aujourd'hui.

Les occidentalistes français – Balladur, Sarkozy, Kouchner –, minoritaires en France, sont en phase avec le reste de l'Europe. C'est le drame stratégique français. Le traité de Maastricht, repris sur ce point par le traité de Lisbonne, notait sobrement : « L'Organisation du traité de l'Atlantique Nord reste pour les États qui en sont membres le fondement de leur défense collective et l'instance de mise en œuvre. » Dans la polémique qui s'engagea en mars 2009 autour de la décision de Nicolas Sarkozy, son ministre de la Défense, Hervé Morin, expliqua benoîtement que les Français devaient renoncer à imposer aux pays de l'Union « la vision française de la défense européenne ». On ne peut mieux dire qu'il nous faut renoncer à la « politique européenne indépendante » qu'évoquait le général de Gaulle lors d'une autre conférence de presse du 23 juillet 1964.

Comme l'avait fort bien compris le général de Gaulle – et un court moment Jacques Chirac en 2003 –, une Europe réellement européenne ne pourrait naître qu'en dehors et contre l'Union européenne. Il faudrait ressusciter le triangle continental Paris-Berlin-Moscou, esquissé en 1895 lors des fameuses manœuvres de la Baltique. Mais, à un siècle d'écart, ce rêve continental ne vécut guère plus longtemps, miné par la faiblesse française, l'atlantisme de la droite allemande, les ambiguïtés russes.

CHAPITRE 7

Le Commissaire

L'Europe, l'Europe, l'Europe. À la fois seul salut de la France et fin de son histoire. À la fois graal et impasse de la France. Unique stratégie et sublimation de notre histoire : c'est ainsi que l'Europe est racontée aux enfants aujourd'hui. Depuis le « virage » décidé par François Mitterrand en 1983, la gauche comme la droite sacrifient leurs convictions, acceptent toutes les apostasies, au nom de l'Europe, la droite gaulliste son patriotisme sourcilleux, la gauche sa phobie du marché et du libre-échange. Gauche et droite refusent même tout débat à ce sujet. L'Europe relève du sacré. Même les antieuropéens, de droite ou de gauche, réclament « une autre Europe ».

Seul le « peuple » renâcle, comme on l'a vu lors des deux référendums organisés sur l'Europe : victoire de justesse du « oui » en 1992 sur le traité de Maastricht ; défaite nette en 2005, sur la Constitution européenne.

Les élites françaises n'en ont cure. Elles retrouvent ainsi l'arrogance des comportements d'aristocrates à la veille de la Révolution, qui se sentaient d'une autre engeance, et des réflexes d'administrateurs impériaux ; toutes traces de francité qu'ils repousseraient avec hauteur et renieraient avec éclat. Les élites françaises sont convaincues qu'elles réussiront pour l'Europe ce que leurs ancêtres royaux, impériaux et républicains ont obtenu pour la France. Elles convertiront le peuple français à l'Europe, comme leurs prédécesseurs ont façonné la nation française à partir de Bretons, Auvergnats, Limousins qui conversaient en patois encore à la fin du XIXe siècle.

Ces élites françaises si véhémentement européistes s'avèrent les héritières des conseillers d'État de trente ans qui, sous la tutelle fictive des monarques de la famille Bonaparte, administrèrent l'Europe napoléonienne. Pour eux, comme pour leur empereur, point de différence entre Paris et Rome, Lyon et Hambourg, Marseille et Naples, Lille et Anvers, Strasbourg et Cologne. À l'abri même troué du Blocus continental, ils développèrent l'industrie locale, construisirent des routes, asséchèrent des marais.

Deux siècles plus tard, on s'étonne que les plus brillants des hauts fonctionnaires français se bousculent à la tête des organismes internationaux : FMI, OMC, OIT, Unesco, Banque mondiale, sans oublier les institutions européennes où les technocrates français ne laissèrent longtemps que des miettes à leurs collègues étrangers. On pourrait en sourire. L'administration est aux Français ce que la machine-outil est aux Allemands : une spécialité séculaire. Déjà, au XIXe, pour moderniser leur État, les empires déliquescents, russe et ottoman, firent appel à des hauts fonctionnaires français, quand ils préféraient des experts allemands pour leurs armées. Dans les années 1960 encore, sous la férule gaulliste, les « technocrates » aménageaient la France à la manière arrogante mais efficace de gouverneurs coloniaux. En créant l'ENA, Michel Debré avait voulu refonder les bases du colberto-jacobinisme porté à la perfection par Napoléon.

Depuis les années 1980, marquées par le retrait de l'État et l'élargissement de l'Europe, les hauts fonctionnaires français estimèrent la France trop petite pour eux. L'Europe devint leur terrain de jeu favori. Ils y défendaient l'« intérêt général européen », y compris contre les intérêts français. C'est ce qu'ils appelaient avec emphase « une idée française de l'Europe ». « Dans une organisation internationale, il faut toujours mettre un Français à la tête, car les Français sont les seuls à ne jamais défendre les intérêts de leur pays », les brocardait ainsi, paraît-il, Sir Christopher Soames, ancien vice-président britannique de la Commission européenne (mot cité par Philippe de Saint Robert dans son magnifique ouvrage, *Le Secret des jours*). Ils avaient seulement troqué pour l'occasion la méthode centralisée colbertiste et bonapartiste pour celle du Zollverein allemand qui, à partir d'une union douanière, bâtit un empire. Pourtant, à partir du grand marché forgé en 1985 par le Français Jacques Delors, les fonctionnaires hexagonaux, longtemps dominateurs à Bruxelles, retrouvèrent, à coups de directives intégrées de gré ou de force dans les législations nationales, leurs vieux réflexes centralisateurs. Deux différences apparurent cependant : Bruxelles avait remplacé Paris comme capitale de l'Europe ; l'idéologie libérale, libre-échangiste, d'inspira-

tion anglo-saxonne, avait été adoptée par les élites bruxel-
loises. L'incarnation ultime de cette mutation s'appelait
Jean-Claude Trichet. Devenu gouverneur de la Banque
centrale européenne, il déclara dès sa première conférence de presse : « *I'm not French* » ; reprit à son compte
les principes monétaristes de lutte contre l'inflation qui
avaient inspiré la Banque centrale allemande, au service
d'une conception économique libérale, que défendait par
ailleurs la Commission.

La « globalisation » aidant, l'Europe elle-même parut
trop étroite aux plus brillants d'entre eux. Le président de
l'OMC, Pascal Lamy, ne jurait plus que par la « démocratie mondiale », la solidarité à l'échelle planétaire, méprisant les gouvernements désuets des nations au profit
d'une « gouvernance globale ». Son ancien collègue de
l'ENA Jacques Attali réclamait lui aussi depuis longtemps
un gouvernement mondial, et exaltait l'avènement d'un
« monde nomade ». Libéraux ou sociaux-démocrates,
droite ou gauche, c'était la même chanson. Quand François Hollande, alors premier secrétaire du Parti socialiste,
fut sommé sur sa gauche d'adopter des positions protectionnistes, il se récria avec véhémence au nom des « solidarités internationalistes ». Quand Dominique de
Villepin (même école, même promotion) s'opposa à la
guerre américaine en Irak, ce fut au nom du droit international, du respect des procédures onusiennes. Et ce
n'est pas seulement par tactique, par habileté, qu'il utilisa ainsi les armes du « *soft power* ».

L'Europe n'est alors plus un but en soi, mais une première étape sur le chemin grandiose de l'unité mondiale.
Le discours des élites sur l'Europe s'avère particulièrement

rôdé. Longtemps, on se contenta de l'assertion en forme de truisme : « L'Europe, c'est la paix. » Assertion partiale et partielle : c'est parce que la France et l'Allemagne décidèrent de faire la paix que des constructions « européennes » purent s'édifier ; et la paix elle-même vint de l'épuisement des stratégies guerrières d'unification européenne entreprises par la France révolutionnaire et napoléonienne, puis par son imitateur prussien. L'Angleterre, qui parvint à faire échouer successivement l'une puis l'autre, finit comme on l'a vu par y perdre son imperium mondial, quelque part entre les tranchées de la Somme en 1916 et la bataille d'Angleterre de septembre 1940. L'Amérique a pris le relais, en devenant le grand fédérateur européen que la France, puis l'Allemagne, n'avaient pu être durablement. De ce point de vue, Hitler s'avéra la chance historique des États-Unis : il leur permit de sortir définitivement de la crise économique de 1929 par un gigantesque programme militaire de relance keynésienne, dont le New Deal n'était qu'un pâle brouillon, et leur donna la partie utile de l'Europe. En échange, l'empire américain donna à celle-ci « la paix romaine ».

Dans ses *Mémoires d'espoir*, le général de Gaulle conte drôlement une des premières visites qu'il reçut après qu'il fut revenu aux affaires : « Dès le 29 juin 1958, je vois venir à Paris le Premier ministre Harold Macmillan. Au milieu de nos amicales conversations portant sur beaucoup de sujets, il me déclare soudain très ému : "Le Marché commun, c'est le Blocus continental ! L'Angleterre ne l'accepte pas. Je vous en prie, renoncez-y !

Ou bien nous entrons dans une guerre qui, sans doute, ne sera qu'économique au départ, mais qui risque de s'étendre ensuite par degrés à d'autres domaines." »

Et de Gaulle de se lancer devant Peyreffite dans une tirade qui rappelle étonnamment celles de Napoléon à Caulaincourt : « Que la Grande-Bretagne soit foncièrement opposée à l'entreprise, comment s'en étonnerait-on sachant qu'en vertu de sa géographie, par conséquent de sa politique, elle n'a jamais admis ni de voir le continent s'unir, ni de se confondre avec lui ? On peut même dire d'une certaine façon que, depuis huit siècles, toute l'histoire de l'Europe est là. Quant au présent, nos voisins d'outre-Manche étant faits pour le libre-échange de par la nature maritime de leur vie économique, ils ne sauraient sincèrement consentir à s'enfermer dans la clôture d'un tarif extérieur continental et, moins encore, à acheter cher leurs aliments chez nous, au lieu de les faire venir à bon marché de partout ailleurs, par exemple du Commonwealth. Mais, sans le tarif commun et sans la préférence agricole, point de Communauté européenne qui vaille ! »

Les Anglais (re)firent donc la guerre. Ils créèrent en 1961 l'Association européenne de libre-échange (ALENA), composée des îles Britanniques, du Portugal, et des pays scandinaves. La périphérie contre le continent. Ce rival ayant échoué, les Anglais entrèrent dans le Marché commun en 1972. C'est en effet une règle en France que le retour météorique de l'alliance anglaise, après les plus grandes périodes d'affrontement franco-anglais : le Régent, après Louis XIV ; Talleyrand, après Napoléon ; Pompidou, après de Gaulle. Sarkozy après Chirac... ?

L'Europe des Six n'était pas l'empire français de 1810,
mais lui ressemblait comme une sœur. Elle en avait les
forces et les faiblesses. Les Anglais criaient au Blocus
continental, mais les négociateurs français du traité de
Rome, comme les préfets de Napoléon, ne réussirent
pas à poser leurs clôtures sur tout le périmètre. Le Marché commun n'était pas leur idée initiale ; ils en pinçaient pour l'armée, la CED, que le Parlement français
détruisit en morceaux, puis l'atome, avec l'Euratom. Le
succès du seul Marché commun fut déjà une demi-
défaite française. Fidèles à leur tradition protectionniste, les Français bataillèrent et obtinrent un tarif communautaire protecteur, en échange du libre-échange à
l'intérieur du Marché commun. Les Allemands, même
réduits à nos traditionnels alliés rhénans, sarrois et
bavarois, veillaient au grain. Dans son ouvrage *L'Europe
interdite*, un des négociateurs français, Jean-François
Deniau, évoque l'ambiance des débats : « Quand nous
disions qu'il valait mieux, ne serait-ce que pour des
motifs de négociation évidents, partir d'un tarif sérieux
et obtenir des concessions en contrepartie de la part
des autres pays du monde, le professeur Erhard,
ministre de l'Économie et des Finances de la République fédérale, appuyé sur le succès remarquable de sa
politique systématiquement libérale, nous rétorquait
que le protectionnisme était un mal en soi, et une
baisse des tarifs douaniers un bien en soi, même sans
contrepartie négociée. »

On définit un taux unique en calculant la moyenne
arithmétique des tarifs douaniers des quatre territoires
qui fusionnaient : France, Allemagne, Italie, Benelux. Les

Allemands obtinrent que la remontée des taux allemands
– mécanique – ne fût que provisoire. Le texte du traité de
Rome fut ambigu à souhait : « Désireux de contribuer,
grâce à une politique commerciale commune, à la suppression progressive des restrictions aux échanges internationaux, les Six ont décidé de créer une Communauté
économique européenne. »

Les Français ouvrirent leur marché à l'industrie allemande, qui finançait des prix garantis à nos agriculteurs.
Mais cet équilibre s'avéra fragile. De Gaulle employa les
armes habituelles de la diplomatie (politique de la chaise
vide) pour défendre les intérêts français ; avec le soutien
tacite de l'Allemagne, les Anglo-Américains utilisèrent le
libre-échange musclé pour ouvrir le « Blocus continental » qu'ils qualifiaient de « forteresse Europe ». Avant le
retour du Général au pouvoir, les services secrets américains avaient généreusement financé l'action de
« pères de l'Europe », l'Italien De Gasperi, le Hollandais
Spaak ou le Français Robert Schuman, et surtout celui
que de Gaulle appelait « l'inspirateur » ou « l'agent américain », Jean Monnet, afin que l'édification des « États-
Unis d'Europe » fût conforme aux intérêts de l'Amérique.
Après son départ définitif, les cycles de négociation du
GATT, appelés « rounds », comme en boxe – tout un programme ! –, dont les États-Unis fixaient l'ordre du jour,
répondirent aux progressions de la construction communautaire : le Dillon Round suivit la création du Marché
commun ; le Tokyo Round, le premier élargissement de
1972 ; l'Uruguay Round, l'Acte unique européen de 1985.

De Gaulle avait confié à Alain Peyrefitte le fond de sa
pensée : « L'Europe, ça sert à quoi ? Ça doit servir à ne se

laisser dominer ni par les Américains ni par les Russes. À
six, nous devrions pouvoir arriver à faire aussi bien que
chacun des deux supergrands. Et si la France s'arrange
pour être la première des six, ce qui est à notre portée,
elle pourra manier ce levier d'Archimède, elle pourra
entraîner les autres. L'Europe, c'est le moyen pour la
France de redevenir ce qu'elle a cessé d'être depuis
Waterloo : la première au monde. »

L'Europe des Six correspond exactement à la France
rêvée par mille ans de rois et d'empereurs : c'est l'Hexagone, la Belgique, le Luxembourg (réclamé encore par
Napoléon III), l'Allemagne rhénane (et non prussienne),
et l'Italie du Nord. La France de Tilsit, avant les folies
espagnoles et russes. C'est l'Europe riche. La grande
nation. La France idéale.

C'est à ce projet-là que la plupart des Français adhé-
rèrent. Ils s'en éloignèrent dès que l'aventure changea de
destination.

De Gaulle tenta de forger cette unité au profit de la
France. Il renoua avec les principes diplomatiques de la
monarchie traditionnelle : division de l'Allemagne, limi-
tation des coups portés à l'adversaire en raison de la
menace nucléaire, défense des petits à travers le monde
contre l'empire américain ; et alliance de revers avec
Washington pour canaliser la puissance renaissante de
l'Allemagne. Eisenhower et Kennedy interdirent la bombe
atomique à l'Allemagne à la grande fureur d'Adenauer, et
de Gaulle profita de sa supériorité politique et militaire
pour s'imposer comme le porte-voix d'une Europe riche
du dynamisme économique, industriel et commercial
allemand.

De Gaulle connaissait nos limites. Il savait ce que la France avait perdu à Waterloo. De Gaulle ne se laissait pas abuser comme les gaullistes. Sa « grande politique » n'était qu'une illusion si elle n'était fondée sur l'arrière-plan géographique, démographique, industriel constitué par l'Europe des Six. La France était une grande puissance et entendait le rester, comme Fécamp était un port de pêche et entendait le rester. Position essentialiste, comme l'a finement perçu Paul-Marie Couteaux, et que de Gaulle avait déjà affirmée avec éclat en juin 1940 : la vérité prime la réalité.

Au cours d'une conversation avec Edgar Faure, dans le salon d'argent de l'Élysée, de Gaulle évoquait un soir l'abdication de Napoléon poussé dehors par ses maréchaux, tandis que le peuple, massé sous ses fenêtres, lui criait de rester. Edgar Faure lut alors le début de l'acte d'abdication : « Français, en commençant la guerre pour soutenir l'indépendance nationale », puis s'interrompit, et, avec l'aisance zozotante qu'on lui connaissait, il dit au Général : « Napoléon a cherché à obtenir l'indépendance nationale par la guerre, mais vous, mon général, vous avez poursuivi le même objectif, mais dans la paix. » Alors, le Général, amusé, lui répondit : « Vous savez, cher président, c'est une question de moyens. »

Cette domination française était suspendue au retour qu'il croyait inévitable de la grande Allemagne réunifiée. Il était pressé.

De Gaulle n'était pas seul au monde.

Le résultat paradoxal du Marché commun avait d'abord été la renaissance des nations que l'on croyait moribondes en 1945 : Allemagne, Italie, France. Et avec elles, leurs dilections traditionnelles

Les Hollandais réclamèrent ainsi l'entrée des Anglais dans le Marché commun, manière radicale de contourner la « préférence communautaire ». On se souvient que Louis Bonaparte, roi de Hollande, se brouilla avec son impérial frère à cause du blocus qui entravait la prospérité commerciale de Rotterdam. De Gaulle refusa. Son imperium resta toutefois relatif ; de Gaulle ne pouvait être le fédérateur de l'Europe occidentale comme le fut Napoléon. Lors de la ratification du traité franco-allemand de 1963 par le Parlement de Bonn (le préambule ajouté inopinément invoquait la prééminence de l'Alliance atlantique sur l'amitié avec la France), et lors du voyage de Kennedy à Berlin, les Américains lui rappelèrent qui était le patron de cette région. Deux ans plus tôt, en 1961, le même Kennedy avait prévenu que toute menace sur Berlin-Ouest pourrait entraîner une riposte nucléaire. Les Russes en déduisirent que Berlin-Est leur appartenait. Ils érigèrent un mur pour protéger leur conquête. Le blocus de Berlin en 1949 avait déjà été une tentative maladroite et désespérée des Russes pour éviter la partition de l'Allemagne. Même après l'érection du mur, celle-ci ne fut jamais absolue ; les deux parties de la ville ne cessèrent de commercer en matière alimentaire. Staline n'avait jamais imaginé communiser l'Allemagne. Il acceptait volontiers qu'elle restât « une démocratie bourgeoise » pour peu qu'elle fût démilitarisée et devînt neutre à l'instar de l'Autriche. Les Américains refusèrent obstinément, préférant couper l'Allemagne en deux morceaux, livrer la Prusse aux Russes plutôt que de renoncer au diamant de leur conquête rhénane. Toujours la même, la sempiternelle question d'Occident, la Lotharingie chèrement disputée depuis mille ans, pendante depuis le traité de Verdun de 843 ; la Rhénanie et l'Italie du Nord, enjeux de la géopolitique européenne et mondiale depuis la chute de l'Empire romain. Les Américains avaient conquis et conservé comme prise de guerre la partie la plus riche d'Europe, Allemagne de l'Ouest et Italie du Nord, entre lesquelles Napoléon avait refusé de choisir face à Metternich en 1813. Si la frontière Est-Ouest avait été sur le Rhin, sans doute l'empire soviétique aurait-il eu de plus sérieuses chances de succès. Dans les années 1960, les Soviétiques proposèrent la réunification allemande contre le soutien de la RFA à leur économie ; mais le chancelier Erhard exigea que l'Allemagne demeurât dans l'OTAN.

Quelques années plus tard, alors que le dollar pâtissait de l'enlisement des GI au Vietnam, les Allemands n'osèrent pas suivre de Gaulle dans sa politique de contestation de l'étalon-dollar et refusèrent d'échanger leurs dollars contre de l'or. Ils avaient, eux, des troupes américaines sur leur sol. Les Américains se vengeront en mai 1968, et, dans la bouche des Allemands, la « grande nation » prendra un sens plus sarcastique. D'où le retour de De Gaulle à une classique alliance de revers avec l'URSS, qui parie que l'effondrement de l'Europe soviétique servira les intérêts de la France dans une Europe « de l'Atlantique à l'Oural ».

Hubert Védrine explique brillamment que la France postgaullienne a tenté de pérenniser le double discours du Général. Une approbation de principe à tous

les efforts d'intégration économique pour profiter à
plein des effets positifs du grand marché à l'abri
derrière les barrières douanières du « Blocus continental » ; mais une politique étrangère indépendante,
solitaire, flamboyante, qui faisait de la France gaullienne le champion des « petits » contre les empires,
comme elle le fut au temps de Richelieu, quand elle
protégeait les princes protestants contre l'empire des
Habsbourg. Dès le premier élargissement de 1972,
cette construction subtile montra cependant des
signes de fragilité.

En 1972, Georges Pompidou laissa entrer l'Angleterre
et, à sa suite, les pays de l'ALENA. Pompidou craignait de
ne pouvoir résister seul à la puissance économique allemande ; il s'entendait fort mal avec le chancelier Willy
Brandt et avait dû consentir à cette dévaluation du franc
que de Gaulle avait orgueilleusement repoussée. En
décembre 1971, il avait dû dans la foulée entériner les
accords de Washington qui abolissaient l'étalon-or, éta-
blissaient le dollar comme seule monnaie de référence
mondiale, et permettaient à l'Amérique de s'endetter sans
limites, de faire marcher la machine à dollars sans com-
plexes – tout ce qu'avait dénoncé et refusé le Général –, ce
qui lui permit d'édifier la machine de guerre que nous
connaissons aujourd'hui.

À l'époque, imitant l'Allemagne comme Colbert avait
imité les Pays-Bas, et Napoléon l'Angleterre, Pompidou
s'efforça d'édifier un outil industriel puissant. TGV,
nucléaire, aviation, etc. Il réussit admirablement. En
1972, des experts américains annoncèrent que la France
dépasserait l'Allemagne en 1980. Pompidou était encore

dans la lignée colbertiste, l'État tenait solidement en
main la stratégie des grands groupes ; une fois par mois,
le président réunissait autour de lui, comme un chef
d'état-major, les patrons des principaux groupes industriels et financiers français. À partir de Pompidou, la
France, comme la plupart des pays d'Europe, crut « sortir de l'héroïsme par le consumérisme », selon la belle
formule du philosophe allemand Peter Sloterdijk.
C'était déjà la leçon qu'elle avait tirée de la défaite de
Napoléon à Waterloo quand Guizot avait succédé au
maréchal Ney.

Au fil des différents élargissements, de l'entrée de la
Grande-Bretagne à celle des anciens satellites soviétiques, les alliés de l'Allemagne et de l'Amérique devinrent
majoritaires : sauf en matière agricole, les taux de douane
européens tombèrent à des niveaux ridiculement bas ; la
préférence communautaire disparut.

Une fois encore, les Anglais avaient vaincu ; le « Blocus
continental » avait été abattu. C'était inévitable. L'Espagne
nous rejoua le tour de 1810, en choisissant le modèle
économique libéral et l'Alliance atlantique. Les anciens
pays communistes achevèrent notre déroute. Comme
deux siècles plus tôt. La même histoire recommençait
sans les morts et la gloire.

Lors de la seconde guerre d'Irak en 2003, les Français,
pourtant arrimés à l'Allemagne, se retrouvèrent en
minorité au sein de la nouvelle Europe. La France
n'avait pu empêcher tous ces élargissements de l'Union
qui l'éloignaient de plus en plus de sa zone d'influence
naturelle « gallo-romaine » ; les frontières de l'Union
européenne coïncidaient progressivement avec les

limites de l'OTAN (reste la Turquie, mais les Américains ne renoncent pas) ; le « Blocus continental » était ruiné sous les coups de boutoir du libre-échange généralisé de la « mondialisation » ; les politiques reculaient devant la montée en puissance des technocrates (Commission et BCE, qui imposaient les normes économiques, et géraient la monnaie) et des juristes (Cour européenne de justice) ; « les acquis communautaires » tenaient le rôle unificateur et « modernisateur » du continent qu'avait joué jadis le code civil de Napoléon ; le droit anglais concurrençait le droit romain. Les États-Unis étaient plus que jamais les fédérateurs de cet empire aux frontières ouvertes et imprécises et aux structures lâches, qui ressemblait au Saint Empire romain germanique avec son mélange hétéroclite de royaumes, duchés et évêchés, à la prise de décision confuse et lente, bien plutôt qu'à l'empire de Napoléon, centralisé, égalitaire, régi par des codes, tenu par le soldat, le douanier et le haut fonctionnaire.

L'Allemagne, peu à peu, a pris l'habitude de s'y comporter en patron. L'ancien gauchiste soixante-huitard, alors leader des Verts, Joschka Fischer, qui deviendrait ministre des Affaires étrangères de Gerhard Schröder entre 1998 et 2005, avait, dès 1995, révélé non sans une certaine ingénuité les ambitions germaniques : « Est-ce que l'Allemagne va enfin obtenir ce que le monde lui a refusé au cours des deux dernières guerres mondiales, c'est-à-dire une sorte de "douce hégémonie" sur l'Europe, résultat de son poids, de sa position géopolitique, de sa puissance industrielle ? » Question que posent inlassablement les Allemands depuis Bismarck.

À son arrivée au pouvoir, Nicolas Sarkozy avait une alliance de substitution toute prête : l'Angleterre et l'Amérique. Une fois encore, l'option « maritime » française était présentée comme une alternative mirifique à son traditionnel tropisme « continental ». Sarkozy renouait avec les mânes du Régent et de Delcassé. La crise de l'automne 2008 a tué dans l'œuf le plan B sarkoziste. L'Angleterre a laissé filer la livre Sterling de 30 %. La France, qui ne peut en faire autant à cause de l'euro, ne trouva que l'Allemagne pour l'aider à corseter ces paradis fiscaux, dont la City est le vrai « patron ». Sans doute leur échec annoncé a-t-il rapproché les deux voisins.

Mais les Allemands n'acceptent plus nulle part la sujétion française, même de façade. Ils profitent du savoir-faire technique français quand ils obtiennent au moins l'égalité, comme on l'a vu lors de la constitution d'Airbus. Ils préfèrent affronter les Français quand ils ne peuvent modifier à leur profit la répartition des rôles et des pouvoirs ; ainsi dans Areva. Le chantage des Allemands dans Airbus avait bénéficié de la pusillanimité des dirigeants socialistes, de leur *a priori* européiste, de leur mythologie du « couple franco-allemand », qui a pris le relais idéologique du pacifisme d'avant guerre au sein de la gauche française ; de leur fidélité au rêve unitaire et romain qui hante depuis toujours notre pays.

Paradoxalement, les revendications berlinoises étaient plus légitimes dans Areva que dans Airbus ; la technologie de l'EPR est allemande, et les Français, direction de l'entreprise et État réunis, se refusaient à partager la moindre parcelle de pouvoir. Alors, Siemens se retourna brusquement vers le conglomérat russe Rosatom, à la stupéfaction navrée d'Anne Lauvergeon, la patronne d'Areva, qui n'avait rien vu venir.

Cette alliance entre Allemands et Russes avait été inaugurée quelques années auparavant par le chancelier Schröder lorsqu'il choisit d'édifier à grands frais un gazoduc sous la Baltique, pour joindre directement les deux pays, et éviter ainsi de traverser Ukraine, Pologne et pays Baltes. Aussitôt après son départ du pouvoir, Schröder fut embauché par Gazprom. Peu de voix crièrent pourtant à la corruption. Le renversement d'alliance nucléaire de Siemens conforte, sous Merkel, le choix de son prédécesseur. Il rappelle cette fin du XIXᵉ siècle qui vit les tsars, eux-mêmes d'origine germanique, mettre l'économie russe en plein essor sous l'autorité modernisatrice des Allemands. À la même période, les grands intellectuels comme Tourgueniev et Herzen se voulaient plus allemands que russes. L'Allemagne était pour eux la porte de l'Occident et du progrès ; ils s'y soumettaient avec enthousiasme, au grand dam des slavophiles, comme Dostoïevski ou Tolstoï. Pierre le Grand lui-même ne rêvait-il pas déjà de faire de ses sujets des Allemands comme les autres ? On ne sait aujourd'hui quelle tendance règne en Russie, qui du Russe ou de l'Allemand utilise l'autre, qui fait le plus assaut de cynisme, entre les penchants néocolonialistes allemands et la fascination matoise et utilitariste russe pour l'« esprit de sérieux » germanique. Les deux ont déjà rêvé d'unifier le continent à leur profit. Dans les deux cas, la France est marginalisée. On se croirait revenu en 1895 dans les eaux du canal de Kiel.

Depuis qu'elle s'est réunifiée, et organisée rationnelle-
ment pour profiter à plein de la mondialisation, l'Allemagne a renoué avec les charmes sulfureux de la
« *Weltpolitik* ». Cette stratégie ambitieuse conjugue les
tentations unificatrices du continent de la vieille Prusse
et les traditions maritimes et commerciales d'une grande
Hanse. Avec l'euro, François Mitterrand avait cru « arrimer l'Allemagne à l'Europe » ; il a surtout arrimé l'Europe
à l'Allemagne qui a utilisé la monnaie unique pour
détruire la concurrence des industries françaises et italiennes privées de « protection monétaire » face à la
machine germanique rendue hypercompétitive par la
compression des salaires allemands et les délocalisations
massives dans les pays de l'Europe centrale. Lorsque la
France voulut imiter en 2007 son modèle économico-
stratégique d'« externalisation », en fondant l'Union pour
la Méditerranée, au sein de laquelle la France espérait
remplacer l'Europe centrale par les pays du Maghreb
comme base arrière de la mondialisation, la chancelière
Angela Merkel poussa des cris d'orfraie. Elle refusa toute
structure créée en dehors des institutions communautaires. Les Français firent valoir que le « Baltikum »,
Union pour la Baltique, sous influence allemande,
échappait à Bruxelles. Les Allemands menacèrent de forger « une Union d'Europe de l'Est » allant jusqu'à
l'Ukraine. De rendre officiel ce qui existait dans les faits.
De reconstituer publiquement l'ancien « *Lebensraum* ».
Les Français cédèrent. L'Union pour la Méditerranée
demeura dans le cadre communautaire du « processus
de Barcelone ». Autrement dit, fut renvoyée aux calendes
grecques. La Constitution Giscard – reprise quasi intégra-

lement dans le traité de Lisbonne que Nicolas Sarkozy s'est empressé de faire adopter par le Parlement français – appliquait à l'Europe son modèle souple, régionaliste, libéral ; et décrivait un ensemble occidental, atlantiste, d'inspiration libérale et mondialisée. Un saint empire américain de nations germaniques.

La brutalité de la crise de l'automne 2008 a montré cruellement cette réalité : une France qui fait semblant d'être plus européenne que tous ; une Allemagne qui refuse de faire semblant, et de payer au nom d'une illusoire « solidarité européenne ». Le conflit fondamental entre la France et l'Allemagne tourne autour du libre-échange et du protectionnisme. Toujours la même querelle, de Napoléon à de Gaulle. Alors que l'Allemagne s'est positionnée comme une immense Hanse, les Français ne parvenaient pas à faire leur deuil de la « préférence communautaire ». Ils ont toujours la tentation inconsciente d'installer les soldats de Davout à Hambourg. Davout, l'homme qui entra dans Berlin.

Pour une fois, le vent a tourné en faveur des thèses françaises. Depuis l'automne 2008, nous vivons non seulement la fin d'un monde, mais peut-être la fin de la mondialisation. Celle-ci se définit par la libre circulation des marchandises – selon le schéma classique – mais aussi par celle tout à fait nouvelle des « facteurs de production », capitaux et hommes. Celle-ci a entraîné un phénomène de déflation, une crise de la demande américaine, que Washington a tenté d'enrayer par un développement fou de l'endettement privé ; jusqu'à l'explosion finale de la bulle financière forgée à cette occasion. Le commerce des marchandises commence déjà à se rétracter, alors même qu'aucune mesure sérieuse de protectionnisme n'a été prise, sur le modèle méconnu de la crise de 1929, qui vit en effet une réduction du commerce international des marchandises précéder la « guerre des tarifs » que se livrèrent tous les pays à la suite des États-Unis. Le Premier ministre britannique s'est inquiété publiquement de la « déglobalisation ». Mais le discours lénifiant des grandes institutions internationales et des réunions médiatisées du G8, remplacé désormais par le G20, continuent de proscrire tout « protectionnisme » et d'exalter les bienfaits du « libre-échange » et de la « mondialisation ». Un incommensurable endettement public a seulement pris le relais, selon un modèle pour le coup très français, de celui des particuliers.

Les Français ont tendance à surestimer la puissance germanique. Ils ont eu la surprise de découvrir la faiblesse des banques allemandes lors de la crise de 2008. Ils ne veulent pas voir les lacunes et pesanteurs d'un système de décision régionalisé, il y a peu encore alourdi par les contraintes politiques de la « grande coalition » entre les deux principaux partis politiques. Les plus lucides – ou les plus paranoïaques – considèrent que l'Allemagne joue des politiques régionales de Bruxelles et de la puissance financière du SPD et de la CDU pour conserver un œil attentif sur les régions à dialecte germanique que l'histoire lui a « arrachées » : Alsace, canton belge d'Eupen ou Sud-Tyrol (l'Alto Adige italien) ou encore des territoires de l'Europe centrale.

On se souvient encore comment le chancelier Kohl se précipita pour reconnaître l'indépendance de la Slovénie, puis de la Croatie, qui se dégageaient de la tutelle de l'État yougoslave. Quitte à provoquer une guerre féroce.

Entre Français et Allemands, rien ne va plus, mais personne n'ose avouer que le roi est nu. Le passé inhibe les esprits et clôt les langues. L'Allemagne a jadis eu besoin de la France pour redevenir « présentable », « *hoffähig* », et récupérer « son » charbon et « son » acier. La France avait, elle, tendu la main à son ancien « ennemi héréditaire » pour en faire son « levier d'Archimède », avec d'autant plus de tendresse que celle-ci avait renoué avec sa tradition séculaire de divisions de son territoire. L'Allemagne n'a plus besoin de la France pour être respectable ; le levier d'Archimède ne fonctionne plus, ou alors contre nous. Les divergences d'intérêts sont devenues plus nombreuses que les convergences. Le fameux « couple franco-allemand » est plus que jamais un mythe qu'affectionnent tant des Français si sentimentaux. On ne sait quel événement se produira d'abord, de l'effondrement du dollar, déstabilisé par les déficits démesurés, ou de la fin d'un euro, de plus en plus cher, outil masochiste de torture pour les industries françaises et italiennes. Le dernier grand dessein géostratégique français est moribond ; mais le premier qui révélera cette vérité sera exécuté.

Une angoisse métaphysique s'ajoute peu à peu aux vieux enjeux : l'Europe continentale n'est plus désormais le centre du monde. Le Pacifique, l'Asie sont en train de la remplacer comme centre de l'« économie-monde ». Elle vit ce déclin irrémédiable comme la fin d'un monde qui débuta à la Renaissance. Les Indiens et les Chinois estiment non sans raisons refermer une parenthèse. Jusqu'au XVIIIᵉ siècle, n'étaient-ils pas des grandes puissances économiques, ruinées par l'impérialisme anglais, et son utilisation musclée du libre-échange ? Deux siècles plus tard, la boucle est bouclée : le libre-échange mondialisé imposé par les Américains et les Anglais leur redonne la main. Ce n'est que justice. L'Europe continentale subit une histoire qu'elle n'écrit déjà plus. Son unité lui paraît la seule condition de sa survie. Une unité qui s'éloigne au fur et à mesure qu'elle paraît plus vitale.

CHAPITRE 8

Le Belge

La chute du mur de Berlin en 1989 a entraîné la disparition sous les sables de l'Europe façonnée en 1945. On crut s'arrêter là ; mais l'horloge de l'histoire reste déréglée. La scission, même à l'amiable, de la Tchécoslovaquie entre Slovaquie et Bohême-Moravie, puis la dislocation ensanglantée de la Yougoslavie ont fait vaciller l'édifice de 1918 et ces petites nations nées sous la houlette du président Wilson, dans les ruines de l'empire des Habsbourg. L'acceptation – contrainte et forcée – de la ligne Oder-Neisse par le chancelier Helmut Kohl fut plus décisive qu'il n'y paraît. Le chancelier, tout rhénan qu'il était, l'a très mal vécu. C'était l'héritage « polonais » de Bismarck, et non d'Hitler, qui s'éloignait : « les frontières naturelles », version germanique.

La réunification n'est pas achevée vingt ans après la chute du mur de Berlin. Les Prussiens, anciens dominateurs arrogants de l'Allemagne unifiée en 1870, sont devenus les gueux de la nouvelle Allemagne. Les Rhénans, et surtout les Bavarois, prennent une revanche parfois ostentatoire. « L'Est a reçu, depuis 1990, 1 450 milliards d'euros de transferts publics. Mais le fameux slogan qui accompagne la chute du mur de Berlin, "Nous sommes un seul peuple", ne rencontre plus l'approbation que de 23 % des Allemands de l'Ouest et de 14 % des Allemands de l'Est » (*Le Monde* du 16 septembre 2005). Les choix récents de politique économique du gouvernement berlinois ont forgé un nouveau prolétariat qui recrute souvent en Prusse, vote pour le Linkpartei d'Oskar Lafontaine, et entretient l'« ostnostalgie ». Les Ossies sont aussi méprisés par leurs compatriotes de l'Ouest que les Wallons le sont par les Flamands, ou les « *terroni* » du Sud par les Italiens du Nord ; mais, au contraire de ces pays, cette mésestime populaire n'a pas de relais politiques ; l'État libre de Bavière se contente pour l'instant des souplesses que lui octroie le statut de *Land*. Jusqu'à quand ?

L'idée nationale continue à faire tourner la roue de l'histoire ; mais elle descend désormais au niveau de l'ethnie, et risque de détruire les États-nations édifiés au fil des siècles. La chute de l'URSS a permis aux anciens captifs des tsars, Ukrainiens, Géorgiens, etc., de recouvrer une liberté fragile. À l'été 2008, les chars russes tiraient sur les Géorgiens pour protéger « leurs » Ossètes. La Yougoslavie ne fut peut-être pas une exception, mais une prémonition ; pas un tabou brisé mais un retour du refoulé ; la guerre revient à pas de loup sur le continent européen.

À l'ouest, le mouvement demeure – encore – pacifique. Catalans, Écossais, Lombards et Piémontais, tous pous-

sent les feux de l'« autonomie ». Tous rêvent d'indépendance. De se débarrasser de leurs « parasites » et de leurs
« fainéants ». Les constructions nationales les plus
anciennes, qu'on croyait les plus solides – du traité
d'union qui avait fondé le Royaume-Uni en 1707 à la
réunion des Espagnes sous Isabelle la Catholique à la fin
du xve siècle –, vacillent. Même la France, le pays le plus
farouchement centralisateur, a dû concéder aux Corses
ou aux départements et territoires d'outre-mer d'innombrables « dérogations » au droit commun, parfois
contraires, comme en Nouvelle-Calédonie, aux principes
républicains les plus fondamentaux. L'effondrement de
l'empire soviétique à l'est a entraîné l'éloignement du
maître américain à l'ouest. Après la chute du mur de
Berlin, l'Europe a cru se substituer en douceur à l'Oncle
Sam. Devenue la première puissance commerciale du
monde, elle (se) paierait la redoutable machine de guerre
américaine comme les souverains de la guerre de Trente
Ans s'offraient les services des lansquenets. L'Europe se
croyait en avance. Après avoir inventé la nation, elle
ouvrait l'ère postnationale. Après l'histoire faite à coups
d'épée, celle des négociations et compromis. Après la
guerre, la paix. Après le « *hard power* » le temps du « *soft
power* ». Les autres y viendraient, suivraient. En raison de
son passé glorieux, mais aussi des horreurs commises
par elle, l'Europe devait éclairer ce chemin.

Les institutions européennes de Bruxelles jouèrent un
jeu fort ambigu. Elles appuyèrent les régionalismes,
donnant un statut d'interlocuteur officiel à toutes les
régions, afin d'affaiblir les États centraux. Mais, refusant
d'édifier un super-État, elles entreprirent de construire

l'Europe par le vide du marché et du droit. La crise financière de l'automne 2008 a détruit son modèle sous ses yeux effarés. La balkanisation annoncée du continent la tétanise ; le retour des tensions nationalistes la laisse sans voix.

Ainsi, à partir du IIIe siècle après J.-C., l'affaiblissement de Rome entraîna un lent délitement de l'Empire d'Occident, une aspiration par le bas des provinces de Germanie, de Gaule, ou d'Espagne, qui précédèrent et préparèrent le grand effondrement du Ve siècle.

La décomposition belge prend « Bruxelles » à son propre piège. Un des États fondateurs du Marché commun, pays modèle de l'Europe – fédéralisme, multilinguisme, libre-échangisme – s'affaisse, au risque d'emmener dans sa chute toute la construction européenne. La Belgique est l'épicentre d'un mouvement historique inouï. Si elle tombe, le jeu de dominos pourrait s'accélérer.

« Cette frontière des races et des langues européennes est un grand théâtre des victoires de la vie et de la mort. Les hommes poussent vite, multiplient à étouffer ; puis les batailles y pourvoient. Là se combat à jamais la grande bataille des peuples et des races. Cette bataille du monde, qui eut lieu, dit-on, aux funérailles d'Attila, elle se renouvelle incessamment en Belgique entre la France, l'Angleterre et l'Allemagne, entre les Celtes et les Germains. C'est là le coin de l'Europe, le rendez-vous des guerres. Voilà pourquoi elles sont si grasses, ces plaines ; le sang n'a pas le temps d'y sécher ! Lutte terrible et variée ! À nous les batailles de Bouvines, Roosebeck, Lens, Steinkerque, Denain, Fontenoy, Fleurus, Jemmapes ;

à eux, celles des Éperons, de Courtrai ; faut-il nommer Waterloo ? »

Il faut toujours partir de Michelet. Entre Meuse et Escaut, on retrouve toutes nos batailles, tous nos espoirs, tous nos drames : Bouvines, Lens, Denain, Fontenoy et Audernade, près de l'Escaut ; Steinkerque, Nerwinde, Ramillies, Seneffe, Ligny, Waterloo, entre Escaut et Meuse ; Malplaquet, Wattignies et les champs quatre fois ensanglantés de Fleurus, près de la Sambre ; Rocroi, Raucoux, Lawfeld, près de la Meuse ; plus au nord, Mons-en Puelle, Cassel et Roosebeck, nos grandes batailles flamandes ; plus à l'est, à Hondschoote, Crécy et Azincourt, trois de nos cinq grandes batailles contre les Anglais. Le XXᵉ siècle a ajouté son lot de gloire et de morts. La bataille de la Somme et le Chemin des Dames et l'Argonne, au nord de Verdun en 1914-1918 ; en 1940, Gembloux (Belgique), Stonne (Ardennes), le bois d'Inor (Meuse), le Mont-Dieu (Ardennes), Montcornet (Aisne). En 1914, les Liégeois bloquèrent une partie de l'armée allemande qui fonçait sur Paris, et permirent ainsi à l'armée française de se réorganiser pour arrêter les Allemands sur la Marne. En 1919, la ville de Liège reçut la Légion d'honneur pour ce haut fait d'armes. En 1945, c'est à Liège que fut érigé le monument national de la Résistance.

Clausewitz l'avait établi : « Le point faible de la monarchie française se trouve entre Bruxelles et Paris. » Déjà, Charles Quint disait : « Paris est dans mon Gand. » D'où l'obsession de cette rive gauche du Rhin qui mettait le grand fleuve comme barrière salvatrice, et que la France atteignit en 1795.

Les Français eurent alors l'impression de rentrer chez eux ; la nature elle-même prenait parti pour nous ; l'Escaut appuyait Saint-Just à Fleurus et, pour prolonger son séjour chez nous, la Meuse accumulait les méandres comme des procédures dilatoires. Mais le feu de la gloire française de la Révolution, né à Jemmapes et à Fleurus, s'éteignit dans les mêmes plaines belges vingt ans plus tard, à Ligny et à Waterloo.

La Belgique est la RDA de la France. La plaie jamais cicatrisée de Waterloo comme le mur de Berlin fut celle de l'Allemagne vaincue. Chaque fois, les « Alliés » punirent le perdant, et se protégèrent d'un retour de son « expansionnisme ».

Les Anglais s'y prirent à deux fois. En 1815, ils mirent les Belges sous la coupe des Hollandais. Avec le grand-duché de Luxembourg, ils inventèrent alors le futur Benelux. Ils construisirent le long de la frontière des Pays-Bas une ligne de forteresses. Ce mur appelé « barrière », les Anglais avaient déjà tenté de l'édifier un siècle plus tôt contre Louis XIV. Talleyrand céda, mais trouva des raisons d'espérer : « L'espèce d'amitié protectrice que l'Angleterre croit établir entre elle et le nouvel État me semble être pour longtemps encore un rêve politique. Un royaume composé d'un pays de commerce (la Hollande) et d'un pays de fabriques (la Belgique) doit devenir un rival de l'Angleterre ou être annulé par elle et par conséquent être mécontent. »

Le Diable boiteux avait vu juste. En 1830, près d'un mois après la révolution parisienne, des émeutes éclatèrent à la suite de la représentation théâtrale de *La Muette de Portici*, un drame lyrique plutôt médiocre de Daniel

François Esprit Auber, et son célèbre duo pour ténor et
baryton, « Amour sacré de la patrie ». On se révolta dans
les rues de Liège aux cris de : « Vive la France ! » Charles
Rogier, un Français de Saint-Quentin, prit la tête du
soulèvement. *La Marseillaise* fut entonnée, le drapeau
tricolore hissé. Bruxelles s'embrasait. Le 25 août 1830,
on arbora aux fenêtres de la mairie de Bruxelles les
trois couleurs. Les Anglais menacèrent discrètement la
France. À peine assis sur le trône de son cousin enfui
en Angleterre, Louis-Philippe envoyait Talleyrand
négocier afin d'éviter une nouvelle guerre européenne.
Déjà, l'armée française intervenait discrètement en
Belgique pour protéger les insurgés contre les troupes
hollandaises ; mais – et cela changeait tout – avec
l'accord de l'Angleterre. « Talley » s'installait à Londres
dont il devint la coqueluche. Il bricola une Belgique de
bric-wallons et de broc-flamands, à laquelle il ne
croira jamais : « Il n'y a pas de Belges, il y a des Wallons et des Flamands », dira-t-il jusqu'à la fin de ses
jours. Il savait de quoi il parlait. Wallons et Flamands
n'avaient jamais connu de destin commun sauf en
deux périodes particulières de l'histoire : sous l'empire
de Charlemagne et lors de leur intégration à la France,
de 1795 à 1815.

Baudelaire ne dirait pas autre chose quelques années
plus tard : « Il n'y a pas de peuple belge, proprement dit.
Il y a des races flamandes et wallonnes, et il y a des villes
ennemies. Voyez Anvers. La Belgique, arlequin diplomatique. »

La verve caustique de *Pauvre Belgique !* serait
aujourd'hui condamnée par les bonnes âmes du politi-

quement correct, mais elle montre que la « question belge » est aussi vieille que la Belgique.

« L'annexion est un thème de conversation belge. C'est le premier mot que j'aie entendu ici, il y a deux ans. À force d'en parler, ils ont contraint nos perroquets du journalisme français à répéter le mot. Une grande partie de la Belgique la désire. Mais c'est une mauvaise raison. Il faudrait d'abord que la France y consentît. La Belgique est un enfant déguenillé et morveux qui saute au cou d'un beau monsieur, et qui dit : "Adoptez-moi, soyez mon père !" Il faut que le monsieur y consente. Je suis contre l'annexion. Il y a déjà assez de sots en France, sans compter tous nos anciens annexés, Bordelais, Alsaciens, ou autres. Mais je ne serais pas l'ennemi d'une invasion et d'une razzia, à la manière antique, à la manière d'Attila. Tout ce qui est beau pourrait être porté au Louvre. Tout cela nous appartient plus légitimement qu'à la Belgique, puisqu'elle ne comprend plus rien. Et puis, les dames belges feraient connaissance avec les Turcos, qui ne sont pas difficiles. La Belgique est un bâton merdeux : c'est là surtout ce qui crée son inviolabilité. Ne touchez pas à la Belgique ! » À l'époque, Baudelaire parle de l'annexion de toute la Belgique, ce qui donne une idée du recul de la puissance française.

Le 15 août 1912, Jules Destrée, député et futur ministre belge, lui donnera raison. Les tensions linguistiques n'avaient jamais cessé. Depuis 1873, les Flamands avaient obtenu la première loi reconnaissant leur droit à être jugés en flamand. Ils ne seraient jamais rassasiés. Destrée publiait alors une *Lettre au roi sur la séparation de la Wallonie et de la Flandre* adressée à Albert Ier :

« Laissez-moi vous dire la vérité, la grande et horrifiante vérité. Vous régnez sur deux peuples. En Belgique, il y a des Wallons et des Flamands. Sire, il n'y a pas de Belges. J'entends par là que la Belgique est un État politique assez artificiellement composé, mais qu'il n'est pas une nationalité. La fusion des Wallons et des Flamands n'est pas possible. »

En 1830, Talleyrand avait écarté un fils de Louis-Philippe comme roi des Belges. Les Anglais n'en voulaient à aucun prix. Ils en pinçaient pour un Allemand : Léopold de Saxe-Cobourg-Gotha. Il présentait le triple avantage d'avoir combattu Napoléon dans l'armée russe, d'être d'origine allemande, mais aussi l'oncle de la reine Victoria. Il épouserait une fille de Louis-Philippe ; mais les journaux républicains, en France, le surnommèrent « le Préfet anglais ». D'instinct, et d'expérience, les milieux républicains soupçonnèrent Talleyrand d'avoir été payé en or anglais.

À l'époque, la presse républicaine rejeta avec lyrisme les accords de Londres : « La Belgique ! Était-ce une conquête, un caprice d'un jour ? C'est l'ambition légitime des siècles ; c'est notre bassin creusé par la nation ; ce sont nos places armées de nos mains, élevées avec notre or, et arrosées de notre sang ; la Belgique, c'est la lutte de 1 400 ans. »

Talleyrand les surnommait « les fous furieux ». Au-delà des célèbres « douceurs », il voulait préserver la paix, à tout prix, même à celui de la domination française sur l'Europe.

Talleyrand accepta la neutralité de la Belgique, imposée par les Anglais. Les données de 1815 n'avaient pas changé. Talleyrand, nous raconte son biographe Emma-

nuel de Waresquiel, « combattra comme un lion » pour
« obtenir une amélioration de sa frontière avec la Belgique après la rétrocession des places et des districts qui
lui ont été arrachés après la défaite de Waterloo ». En
vain. Les Anglais ne céderont pas et, le 20 janvier 1831,
« ne trouveront pas d'autre moyen que de le faire céder
par la faim en le retenant plus de huit heures en conférence, jusqu'à ce qu'il signe... »

Talleyrand et son monarque préféré furent contraints
de faire contre mauvaise fortune bon cœur. Ils n'avaient
pas le choix. Les deux hommes se donnèrent l'illusion
consolatrice de choisir leur destin. « Louis-Philippe et
Talleyrand sont tous deux attentifs, fidèles, dans une
certaine mesure, à la grande tradition diplomatique
héritée de l'ancienne monarchie. L'un et l'autre savent
parfaitement que Louis XV a déjà renoncé à la Belgique
au traité d'Aix-la-Chapelle en 1748, et que Mazarin a
fait de même un siècle plus tôt. Lorsqu'il voudra félici-
ter son ambassadeur de ses succès à Londres, Louis-
Philippe le comparera au comte d'Avaux, le négociateur
français du traité de Westphalie [toujours lui !] en 1648 »
(Waresquiel).

Talleyrand ne perdit pas sur toute la ligne. Les forteresses que l'Angleterre avait édifiées en dépit des objur-
gations françaises « sombreront, parce que personne ne
les réparera... Dans les mains du roi des Pays-Bas, occu-
pées par les puissances de la Sainte Alliance, elles étaient
une machine de guerre contre la France. Dans celles du
roi des Belges, à la tête d'un pays ami, neutre et pacifique, elles sont sans objet. Dépourvues de garnisons,
sans artillerie, elles s'écrouleront toutes seules ».

Les « barrières » devinrent ruines, mais la Belgique demeura. Comme si, à la chute du mur de Berlin, la RDA avait survécu en l'état, ce qu'avait d'ailleurs envisagé à un moment donné Helmut Kohl lui-même.

On connaît surtout l'histoire de la Belgique racontée par les Flamands. Les humiliations subies de la part des Wallons riches et méprisants. Les morts par vagues de soldats flamands dans les tranchées de 1914, faute d'avoir compris les ordres donnés par leurs officiers en français. La renaissance flamande après la Seconde Guerre mondiale, et l'effondrement de l'économie wallonne ruinée par la disparition du charbon et la crise sidérurgique. Une histoire d'abord linguistique, mais tronquée. Réécrite, falsifiée.

Le français ne s'est jamais arrêté aux frontières actuelles des deux régions. On parlait français dans toutes les villes de Belgique, y compris celles de Flandre. La bourgeoisie de ces contrées parlait français comme aujourd'hui elle *speaks english*. La classe moyenne l'imitait ; le français était la langue de la promotion sociale, de la modernité, de l'émancipation. En Wallonie même, Liège apparut longtemps comme un îlot de français au milieu d'une terre vouée à des dialectes divers. La langue française n'était pas plus la langue maternelle du paysan wallon que celle de son voisin flamand ; pas davantage celle du Breton ou de l'Alsacien. Le français toujours et partout fut, d'abord, la langue des élites, de la bourgeoisie, imitée ensuite par toutes les classes sociales.

Il existe bien en Belgique une frontière linguistique entre une langue d'oil, et ses dialectes romans, et une langue de « thiois » (du flamand *diets* qui signifie « peuple », d'où *dutch* en anglais pour « hollandais ») et ses innombrables dialectes germaniques ; mais la France avait déjà effacé une frontière linguistique entre langue d'oil et langue d'oc. Elle pouvait aisément accomplir une tâche similaire en Belgique. On oublie toujours les dialectes rhénans et luxembourgeois. La trace linguistique de notre chère rive gauche du Rhin.

Si la Belgique était restée dans l'ensemble français, la question de la langue flamande ne se poserait pas davantage que celle du breton ou du provençal. C'est la même population de Lille à Gand. La Gallia Belgica était une des Gaules de Jules César. Dès le Moyen Âge, les liens commerciaux de la France avec Bruges ou Gand imposaient le français. L'administration bourguignonne de Charles le Téméraire l'implantait à Bruxelles. À Liège, le statut des corporations était rédigé en français depuis le XIIIe siècle. À Roubaix ou à Valenciennes, on parlait le même dialecte picard qu'à Mouscron ou à Tournai.

Les comtés de Hainaut et de Namur et le Brabant (francophones) étaient alors vassaux de l'empire germanique, tandis que la Flandre, de langue thioise, l'était du roi de France. C'est pour cette raison que les communiers flamands, associés à des paysans venus de terres « wallonnes », se révoltèrent contre Philippe le Bel et vainquirent la chevalerie française lors de la fameuse bataille des Éperons d'or, le 11 juillet 1302, dont la date est devenue la « fête nationale » flamande.

Alors que Louis XVIII fuyait Napoléon pendant les Cent-Jours, il se réfugia à Gand, en passant par Ostende et Bruges. Des villes de la Flandre maritime où il fut partout acclamé aux cris de : « Vive Louis le Désiré ! » En français.

Napoléon avait fait d'Anvers un grand port international ; il s'était battu et avait perdu son empire en partie pour cette ville aujourd'hui de Flandre.

La Constitution de 1830 fondant la monarchie constitutionnelle belge fut rédigée dans un français limpide et élégant digne de celui du XVIIIe siècle ; mais la langue française ne fut pas imposée comme langue officielle. La monarchie belge n'entreprit pas un travail de francisation des campagnes. L'histoire du soldat flamand de la guerre de 1914 mort parce qu'il n'avait pas compris les ordres donnés en français par des officiers wallons, méprisants et arrogants, est un mythe littéraire inventé par Reimond Sanders dans son roman publié en 1927 : *Aan de Vlaamschen Yser*. De nombreux soldats wallons ne comprenaient pas non plus les ordres de leurs officiers ; pas davantage que les « pioupious » bretons – morts en très grand nombre – ou corses.

La Flandre a toujours été influencée par la culture française. Ses plus grands écrivains écrivirent en français : Émile Verhaeren, Maurice Maeterlinck, Charles De Coster, Marie Gevers... Jacques Brel était flamand. Bruxelles fut à l'origine une bourgade flamande qui subit le traditionnel processus de francisation. Le fameux « accent belge » tant brocardé par les comiques français est en réalité un accent bruxellois, la marque de l'accent flamand originel de populations passées peu à peu au français, à l'instar des Alsaciens ou des Provençaux. Longtemps un dicton wallon se moqua : « Le flamand n'est pas une langue, c'est une maladie de gorge. » La bourgeoisie flamande partageait ce mépris.

La bourgeoisie belge était francophone mais pas forcément francophile. La querelle linguistique provint avant tout des contradictions d'une bourgeoisie flamande qui parlait le français, mais voulait se distinguer de la France pour affirmer le « fait national belge ». La haine du peuple flamand fut d'abord une révolte de classe contre la bourgeoisie flamande francophone – les fransquillons ; elle forgea le « frontisme », le premier mouvement nationaliste flamand de la fin du XIXᵉ siècle. Jusqu'au début du XXᵉ siècle, dans les écoles flamandes, les enfants étaient punis s'ils ne parlaient pas le français dans la cour de récréation, comme les petits Bretons ou Picards. Sous le titre provocateur : « Faut-il bégayer par amour du bègue ? », *Le Soir* – journal libéral – prophétisait en 1907 : « Quoi que l'on dise et quoi que l'on fasse, les Flamands... parleront tous un jour le français, c'est inévitable. »

Il faudra un siècle pour qu'une identité flamande se constitue ; le français s'imposait au XIXᵉ siècle avec d'autant plus d'aisance que le flamand ne parvint jamais à devenir une langue unique ; le néerlandais, longtemps repoussé comme langue de l'oppresseur hollandais, fit office de rassembleur par dépit. Lorsqu'un reportage télévisé invite aujourd'hui encore un anonyme flamand à s'exprimer, on inscrit en sous-titres la traduction en néerlandais, car, dans le village voisin, où l'on parle un autre dialecte, son accent particulier rend incompréhensibles ses propos.

La Wallonie s'unifia plus rapidement derrière le français ; mais on s'est longtemps mal compris entre Carolorégiens (Charleroi), Namurois, Liégeois et Arlonnais.

Au XIXᵉ siècle, les bourgeoisies wallonne, mais surtout bruxelloise et flamande, furent les soutiens solides de l'État unitaire belge, en dépit des coups portés par la paysannerie « flamingante », favorisée par l'avènement du suffrage universel. Le bas clergé, dans les campagnes flamandes, soutint une longue résistance contre le français : « langue de l'irréligion des Lumières » mais aussi contre le néerlandais : « langue de l'hérésie protestante ». Acculé à choisir, il opta pour le moindre mal hollandais.

La Flandre est un sous-produit de la Belgique. Avant, elle était divisée entre Anvers, Gand, etc. Elle a fini par se constituer en nation alors que la Belgique n'y parvint jamais. Née et grandie en son sein, elle a fini par la dominer, en profitant des aides économiques généreusement distribuées dans les années 1950 et 1960. L'État belge, pour des raisons démographiques et donc électorales, confia les ministères économiques à des politiciens flamands. Depuis la fin du XIXᵉ siècle, le budget des Travaux publics profita essentiellement à la Flandre, qui combla ainsi son retard sur sa voisine septentrionale. Pendant longtemps, les nationalistes flamands hésitèrent entre la domination flamande au sein de l'ensemble belge – permise par leur prééminence démographique – et la scission. Cette indécision flamande fut à l'origine de la crise séculaire. Pendant les deux guerres mondiales, les militants flamingants profitèrent de l'avancée allemande pour dominer leurs voisins wallons honnis. Les prisonniers flamands furent très vite libérés par Hitler tandis que les Wallons attendirent la fin de la guerre. En 1945, les Flamands défendirent farouchement le roi Léopold III accusé par les Wallons de collaboration avec les nazis.

La même année, lors d'un congrès wallon qui rassembla plus d'un millier de décideurs de la région, députés, sénateurs, maires, syndicalistes, intellectuels, une majorité relative (486 mandataires sur 1 046) affirma sa volonté de revenir dans le giron français. Alors, le président du congrès Wallon demanda aux participants de se montrer « réalistes ». Lors d'un second vote, le fédéralisme belge fut choisi. Le premier vote conserva dans l'histoire le nom de « sentimental ».

Ce code génétique francophobe a forgé la question flamande ; il finira par détruire la Belgique. En 1967, alors que des manifestations flamandes chassaient les étudiants et professeurs wallons de l'université catholique de Louvain aux cris de : « Les Wallons dehors ! », le gouvernement belge déclara *persona non grata*… le général de Gaulle. Les autorités belges craignaient en effet qu'à l'occasion d'une visite officielle le chef d'État français ne renouvelât le « Vive le Québec libre ! » d'un tonitruant : « Vive la Wallonie libre ! » Les services secrets belges affirmaient alors que des agents de l'Élysée, profitant du « *Walen buiten* » de Louvain, finançaient des groupes extrémistes flamands pour favoriser la scission de la Belgique et le rattachement de la Wallonie à la France. Le général de Gaulle n'avait pas caché au professeur Robert Liénard, doyen de cette université de Louvain, « sa conviction que seule leur prise en charge par un pays comme la France peut assurer l'avenir à vos trois ou quatre millions de Wallons » (cité par Jules Gheude dans son livre *Le Choix de la Wallonie*, Éditions Mols, 2008).

Lors de la création du Vlaams Blok, les extrémistes flamands, en 1977, leur revue *Alarm* publiait ce texte de

Xavier Buisseret, le directeur de propagande du mouvement : « Nous devons créer un climat de terreur, de danger, d'insécurité pour les francophones et les transfuges
flamands, de sorte qu'ils perdent le goût de s'installer
dans nos champs. Dans la pratique, cela signifie briser
les vitres des villas avec des catapultes et des écrous,
endommager et détruire des voitures et des propriétés,
incendier des logements privés et des entreprises ayant
une influence francisante ; détruire des locaux, des
écoles, des institutions culturelles des fransquillons,
détruire les équipements collectifs des lotissements
occupés par les fransquillons ; utiliser des lettres de
menaces, appels téléphoniques, campagnes de calomnie,
intimidation, enlèvement, mauvais traitement de dirigeants fransquillons. Il va de soi qu'il s'agit d'une forme
de guerre civile. »

Les Flamands ont appliqué méthodiquement une épuration linguistique de leur région. « Rats français, roulez
vos tapis et partez ! »

Dans certaines municipalités, la location d'un logement social ou l'achat d'un terrain sont réservés aux Flamands ou aux Wallons qui réussissent un examen de
néerlandais. À Vilvorde, la vente des maisons est réservée
aux néerlandophones. Ailleurs, il est interdit de parler le
français aux commerçants sous peine de dénonciation
faite à un bureau de plaintes officiellement ouvert à cet
effet. Dans la commune de Wezembeek-Oppem, autour
de Bruxelles, le curé interdit la messe en français. Les
maires francophones élus ne sont pas nommés. Interdiction à des associations culturelles francophones de recevoir des subventions. « Les francophones qui viennent

vivre en Flandre sont des immigrants. Ils doivent s'adapter comme les Marocains ou les Turcs », a déclaré un chef d'un parti nationaliste flamand. Le ministre flamand des Sports, Bert Anciaux, souhaite couper le football belge en deux fédérations distinctes et fonder une Ligue flamande. Les clubs bruxellois comme le célèbre Anderlecht devront choisir entre le championnat flamand et le wallon. Les chemins de fer belges ont déjà été scindés en deux sociétés, « De Lijn » (la ligne) en Flandre et TEC (transports en commun) en Wallonie. La VRT – Vlaamse Radio en Televisie –, chaîne publique flamande, s'est séparée de la RTBF – Radio Télévision belge francophone. Les signalisations sur les poteaux indicateurs ont désormais des couleurs différentes : bandes rouges et blanches en Wallonie et à Bruxelles, noires et jaunes en Flandre. Un politique libéral, Daniel Ducarme, a condamné « une attitude nationaliste indécente qui me fait penser à ce que l'on a vécu en ex-Yougoslavie ». La Commission de Bruxelles, le Conseil de l'Europe, la Cour européenne de justice de La Haye, jusqu'au comité des Nations unies pour l'élimination de la discrimination raciale ont tancé les Flamands. En vain.

Les Wallons subissent une histoire qui s'est faite contre eux sans qu'ils s'en rendent compte. La fédéralisation croissante de la Belgique a encouragé et stimulé les revendications flamandes au lieu de les apaiser. Il n'y a pas eu un Premier ministre Wallon depuis 1974. Le drapeau flamand a en Flandre la préséance sur le drapeau belge. Les partis politiques belges n'existent plus ; ils ont tous été scindés en branches flamande et wallonne ; 60 % des électeurs flamands votent déjà pour des partis séparatistes ou confédéralistes.

Peu à peu, les Wallons réagissent et sortent de leur
léthargie. À Liège, on fête le 14 juillet avec bien plus
d'enthousiasme que le 21 juillet, la fête nationale belge.
Dans *Le Figaro* du 2 août 2008, Daniel Ducarme, ministre
d'État belge, député de Bruxelles, écrivit : « L'identité de
la Belgique française vaut pour tous les francophones.
Peu importe les oukases flamands, l'absolue fermeté est
nécessaire. C'est un choix éthique avec le Grand Bruxelles
en métropole. [...] L'accueil des Français est de plus en
plus ouvert. Il accrédite le partage d'une citoyenneté
commune dans l'espace de francophonie internationale.
Il vient en prolongement d'une vie quotidienne déjà bien
semblable, avec un même organisme bancaire pour les
villes et les communes, un même outil industriel de politique énergétique, un même espace audiovisuel, des
enseignes commerciales aux mêmes couleurs... » Et
d'appeler à un référendum sur la Belgique française.

Selon un sondage IFOP publié par *Le Journal du
dimanche* en novembre 2007, 54 % des Français sont
favorables au rattachement de la Wallonie à la France.
Un chiffre qui atteint 66 % dans les régions frontalières,
le Nord-Pas-de-Calais, les Ardennes ou la Meuse. Dans
un autre sondage IFOP, pour le quotidien belge *Le Soir*,
49 % des Wallons optaient pour le rattachement de la
Wallonie à la France.

La Wallonie fut au XIXe siècle la région la plus riche
d'Europe. Textile, charbon, sidérurgie. La première
industrialisation élut domicile dans cette région que les
traités de 1815 avaient arrachée à la France au moment
même où ils auraient pu donner à notre pays la force de
frappe industrielle qui lui manqua si cruellement dans

son affrontement avec l'Allemagne. La Wallonie a subi depuis trente ans le même déclassement économique et social que son frère français du Nord-Pas-de-Calais. L'industrie lainière a été délocalisée, les charbonnages ont fermé, la sidérurgie a été démantelée selon les plans libéraux de la Commission européenne. Le Blocus continental de Napoléon avait provoqué dans les années 1810 en Wallonie – en Rhénanie, et dans le Nord français – le décollage d'une industrie « naissante », selon les fameuses théories de List, à l'abri de la concurrence britannique. À partir des années 1980, l'abaissement des barrières tarifaires accélérait les bouleversements déjà provoqués par les mutations technologiques. Le libre-échange mondialisé ruinait définitivement l'œuvre du protectionnisme napoléonien. Aujourd'hui, la Wallonie et toute l'Europe ne peuvent répondre à la nouvelle demande d'acier, carence qui réjouit l'industrie indienne de retour dans la cour des grands. En Belgique, la situation a été encore aggravée par le départ de Wallonie des grands groupes financiers que le gouvernement belge – sous emprise flamande – n'a rien fait pour retenir. À 14 %, le taux de chômage est encore plus fort en Wallonie que dans le Pas-de-Calais (10 %). Dans les vieux bassins industriels de Charleroi ou de Liège, il grimpe à 20 %. Lorsque éclata l'affaire autour du pédophile Dutroux, des Flamands expliquèrent que ce Bruxellois établi dans la région de Charleroi était une nouvelle incarnation du « mal wallon ».

Et puis il y a Bruxelles. « La seule marque belge connue au niveau mondial comme Coca-Cola », a reconnu un leader flamand. Un ancien bourg flamand de 100 000 habitants, lorsque naît la Belgique en 1830, qui parlent le brusseleer, un patois brabançon néerlandophone. Capitale de la Flandre, depuis la régionalisation de 1989, mais surtout ville internationale où on parle avant tout le français mais aussi l'anglais ou l'arabe, et où ne vivent plus que 10 % de Flamands. Bruxelles se résume en quelques chiffres qui expliquent l'enjeu : 10 % de la population belge ; 20 % de la richesse nationale ; 35 % de l'impôt sur les sociétés. Avec sa périphérie, elle fournit un tiers du produit intérieur belge. Deux mille entreprises étrangères y ont leur siège social employant 234 000 personnes. Bruxelles n'a pas de lien territorial avec la Wallonie mais est entourée de communes flamandes où l'on parle français : les fameuses communes à « facilités » que les militants flamands veulent réduire à néant.

Son dynamisme économique, son statut de « capitale de l'Europe », risquent de devenir un enjeu aussi vital qu'Anvers au temps de Napoléon. Avec Bruxelles et Strasbourg, deux capitales européennes sur trois seraient françaises. Et le Luxembourg fut encore revendiqué par la France jusqu'à Napoléon III ! Les Flamands l'ont bien compris qui refusent obstinément, en dépit de tous les accords par eux signés, de concrétiser une régionalisation à trois – Wallonie, Flandre, Bruxelles –, s'en tenant à une fédération à deux têtes qui préserve leur capacité de conquête de Bruxelles. « Bruxelles, une ville flamande », c'était déjà le slogan des collaborateurs des nazis. Les militants flamands veulent détruire la Belgique tout en conservant Bruxelles. La peur de perdre la capitale européenne est sans doute ce qui retient encore la plupart

d'entre eux de mettre à bas l'édifice belge tant honni.
Pour combattre la langue française, les Flamands, renfor-
cés par les élites mondialisées qui se pressent à Bruxelles,
se servent de l'américain des affaires comme d'un substi-
tut au flamand.

Bruxelles est un laboratoire. D'une Europe dont la
capitale est celle d'un empire sans État. Un rêve, un
phantasme, un aveu. Un laboratoire de la mondialisation
aussi. La désindustrialisation y est arrivée à son terme ;
l'économie bruxelloise est entièrement régie par les services qui réclament des salariés formés et polyglottes.
Bruxelles est l'une des pointes extrêmes de la mondialisation, un peu à la manière de Londres, avec d'énormes
inégalités. Bruxelles accueille des riches du monde
entier, et en particulier de France, qui se refusent à payer
l'impôt sur la fortune ; ils ont rejoint des milliers de fonctionnaires européens, et des salariés de sièges sociaux
d'entreprises, de bureaux de lobbying et de communication. Un quart du million d'habitants de la capitale belge
vivent sous le seuil de pauvreté. Saint-Josse, à proximité
des institutions européennes, est une des communes les
plus pauvres du royaume ; à quelques encablures,
Woluwe, où résident les eurocrates, une des plus riches.
Les immigrés s'entassent depuis trente ans à Bruxelles.
Près d'un tiers de la population est d'origine étrangère ;
20 % des habitants d'origine étrangère ont pris la nationalité belge ; dans vingt ans, les habitants de confession
musulmane seront majoritaires ; le prénom Mohamed
est déjà le plus prisé par l'état civil bruxellois ; 35 % des
moins de 25 ans n'ont pas de travail ; ce chiffre atteint
40 % pour les jeunes d'origine étrangère. Près de 30 %

des adolescents n'ont ni père ni mère qui travaille. Les jeunes issus de l'immigration marocaine traitent de « Flamands » tous les « Blancs » qu'ils couvrent de leur « haine ». Ce multiculturalisme fait la joie des théâtres branchés ; mais le métissage fantasmé par la bienpensance laisse place dans la réalité à une cohabitation chargée de frictions, de violences délinquantes, de ressentiments et de souffrances. Des ghettos ethniques ouverts s'édifient peu à peu dans l'indifférence générale et la suspicion réciproque.

Les hommes politiques français, à part quelques députés provocateurs et patriotes, Vanneste, Coûteaux, ou Mélenchon, restent cois. Tétanisés ou indifférents. Pusillanimes ou ignorants. « La Wallonie non merci, nous avons déjà nos pauvres », a affirmé, toujours narquois et méprisant, le socialiste Michel Charasse.

Au nom de l'Europe, la plupart d'entre eux craignent que la chute du fédéralisme belge n'entraîne celle du fédéralisme européen dont ils ne parviennent pas à faire leur deuil. Ils estiment que Bruxelles doit devenir, en cas d'effondrement de l'État belge, un district européen qu'ils comparent avantageusement à Washington DC (District of Columbia). Toujours le mythe américain des élites françaises.

Pourtant, la Flandre a autant d'habitants que la république d'Irlande, la Wallonie est plus peuplée que la Slovénie.

Les Français oseront-ils imposer un référendum en Wallonie et à Bruxelles ?

Si les Bruxellois – chez qui la langue française règne en maître – choisissent comme la Wallonie de devenir fran-

çais, que feront les Anglais, les Allemands, les Américains ?
Les puissances occidentales pourront-elles refuser ce
qu'elles ont accepté pour la réunification de l'Allemagne ? Accepteront-elles encore une situation bâtarde,
statut international par exemple, qui serait une nouvelle
défaite pour la France ? La guerre, de nouveau pour la
Belgique ? L'histoire encore recommencée ? Sarkozy
cédera-t-il au nom de l'Europe et restera-t-il dans l'histoire comme le successeur de Louis XV ? En visite au
Canada, il a scandalisé les Québécois en manifestant le
même mépris que son lointain devancier pour « les
arpents de neige ». Ses convictions européennes, ses
dilections atlantistes lui dicteront-elles sa conduite ?

Pour l'instant, le président de la République se dissimule derrière la langue de bois diplomatique : « C'est
une affaire sérieuse, déclarait-il, lors du Conseil européen du 14 décembre 2007. La position de la France est
que la Belgique, un grand pays voisin et ami, surmonte
ses difficultés. Nous ne voulons en aucun cas interférer.
La France ne se réjouit jamais des difficultés de ses
amis. » À l'Élysée, une cellule spéciale suit les affaires
belges.

Dans les affaires Thomson, Sanofi, Areva, Sarkozy a
pourtant montré qu'il n'était pas totalement dépourvu
de réflexes patriotiques ; mais davantage contre les Allemands que contre les Anglo-Saxons. Lors de la grande
crise financière d'octobre 2008, la grande banque
hollando-belge Fortis fut abandonnée sans un regard par
les autorités bancaires hollandaises, qui laissèrent aux
Belges toutes les « actions pourries ». Les militants flamands, qui ont longtemps compté sur le soutien des

Pays-Bas, durent avaler une seconde couleuvre – un boa – avec le rachat de cette banque par la BNP. Le journal *Le Soir* expliquait non sans humour que la France prenait un contrôle décisif « des derniers bijoux de famille belges », et un journal flamand, *De Standaard*, publiait en une un dessin satirique montrant un banquier gisant au sol, un drapeau tricolore planté dans le ventre.

Le démembrement financier de l'État belge précède sa faillite politique. Les élites belges, en dépit de leur francophobie congénitale, ne peuvent s'empêcher de se retourner vers Paris en cas de danger mortel.

« Maintenant doit grandir ensemble ce qui est fait pour vivre ensemble », avait déclaré le chancelier Willy Brandt après la chute du mur de Berlin. La Belgique est la « réunification » française, Bruxelles comprise. Les noms des départements de l'époque révolutionnaire et impériale pourraient ressortir du placard de l'histoire, où ils gisaient, pleins de gloire et de formol : Jemmapes, Sambre-et-Meuse, Ourthes, Forêts…

Avec 68 millions d'habitants, la France grignoterait encore son retard sur l'Allemagne et ses 80 millions. Les aiguilles de l'histoire poursuivent implacablement leur marche en arrière.

CHAPITRE 9

La chute de Rome

Ces chiffres ont hanté nos ancêtres. En 1870, il y avait encore autant de Français que d'Allemands. Cette égalité était un trompe-l'œil, la séculaire domination démographique de la « grande nation » sur l'Allemagne et l'Europe s'achevait. Les courbes s'inversaient durablement. En 1890, les 38 millions de Français pesaient déjà peu face aux 50 millions d'Allemands. En 1914, on se battait à 40 contre 60.

Curieusement, le film semble aujourd'hui se dérouler à l'envers. Nous sommes quelque part entre 1900 et 1815. La France rattrape peu à peu son retard démographique sur l'Allemagne. En 2008, la population allemande a baissé de 168 000 habitants. À ce rythme, l'Allemagne ne comptera plus que 68 millions d'habitants (contre 82 aujourd'hui) en 2050. À la même époque, c'est la France qui coiffera les 80 millions. La symétrie est parfaite. La France avait connu un surcroît de cercueils sur les berceaux au début du XXe siècle. Elle redevient aujourd'hui la première puissance démographique de l'Europe. La population française a déjà atteint les 65 millions d'habitants qui lui étaient promis par les experts pour 2015. En 2008, il y eut 843 000 naissances sur notre territoire. En cette même année, l'ensemble de l'Union européenne avait enregistré un excédent naturel de 448 000 naissances. Sur ce total, 290 000 nouveaux Européens étaient français. Notre pays représente donc à lui seul 65 % de la croissance naturelle de la population européenne.

« La Chine de l'Europe » est de retour ; mais le contexte mondial a radicalement changé. La France est un borgne démographique au pays des aveugles européens. Dans un monde de géants à un milliard d'habitants, où seule la barre des cent millions d'habitants donne son ticket d'entrée dans le club des dix pays les plus peuplés du monde, les rivalités européennes paraissent lilliputiennes. Le dynamisme français n'empêchera pas le vieillissement continu de sa population. Nous ne sommes plus en guerre avec l'Allemagne et notre armée ne repose plus sur la conscription.

Et pourtant. Karl Marx écrivit un jour dans une lettre à Moses Hess : « À partir d'un certain nombre, la quantité est une nouvelle qualité. » Les économistes contemporains confirment cette intuition marxiste en liant dynamismes démographique et économique. L'institut d'économie de Cologne estime que l'économie française devrait croître deux fois plus vite que sa concurrente allemande entre 2025 et 2035, lorsque les courbes démographiques se croiseront. Alors, la France serait, disent les mêmes experts, la première économie de la zone euro.

La prééminence démographique française en Europe serait bien sûr décuplée si les logiques autonomistes en cours, Flandre, Catalogne, Écosse, Italie du Nord, etc., finissaient par faire exploser les vieux États-nations du continent.

Depuis la réunification allemande, l'ancienne RFA est l'incontestable « patron » de l'Europe. Les Américains l'ont de suite entériné lors du fameux discours de George Bush senior qui, grand admirateur de la Prusse, proposa au début des années 1990 un loyal « *leadership in partnership* » aux Allemands. Si l'autorité du patron est contestée par le vieux rival français, revenu des oubliettes de l'histoire, que se passera-t-il ?

Les spécialistes de l'INED expliquent cette exception française au sein d'une Europe en pleine ruine démographique par des raisons culturelles : les femmes françaises font plus d'enfants parce qu'elles peuvent travailler, mettre leurs enfants à la crèche ; elles les confient fort jeunes à des nounous, contrairement aux Allemandes encore inhibées par l'image de la « mauvaise mère » ; les enfants français naissent pour près de la moitié en dehors du cadre du mariage, ce qui reste mal vu en Europe du Sud. Explication progressiste, féministe, « de gauche ».

Le Français de la rue pense crûment que les immigrés font la différence. Les démographes se récrient, accumulent les chiffres qui ridiculisent cette thèse : « La fécondité des étrangères est plus élevée que celle des Françaises (3,3 enfants contre 1,8 en 2004) »... mais, « dans la mesure où les étrangères restent minoritaires parmi les femmes en âge d'avoir des enfants (7 %), cela ne fait qu'accroître de seulement 0,1 enfant le taux de fécondité de la métropole » (*Le Figaro* du 21 août 2008). Les plus subtils mettent en garde contre l'impression fausse que donne l'Île-de-France qui, avec les grandes villes françaises, accueille l'essentiel de la population immigrée.

Ce conflit rappelle un peu celui qui opposa l'INSEE et les ménagères au sujet de l'inflation, après la naissance de l'euro en 2002. Même fureur d'un côté, même mépris de l'autre ; même dialogue de sourds entre l'« observation » et les « chiffres », l'« expérience » et le « savoir ». Les statisticiens de l'INSEE ont fini par reconnaître que leurs calculs ne prenaient pas bien en compte l'inflation particulière des produits alimentaires et des matières premières dans le « panier de la ménagère », parce qu'ils la compensaient « artificiellement » par la baisse des prix des produits de haute technologie (écrans plats, ordinateurs, etc.).

Les Français observent la rue, le métro, les salles de classe, surtout dans les quartiers populaires, et constatent l'évidence, ce que Tahar Ben Jelloun appelle joliment « la recomposition du paysage humain ». Et que d'autres, plus amers, qualifient de « grand remplacement ». Les experts protestent encore : « Ce sont des Français. » Argument imparable, mais qui prouve qu'un biais idéologique, certes moral et légitime – ne pas remettre en question la nationalité des « nouveaux Français » – altère la présentation des chiffres. La France est le seul pays d'Europe où l'ancienneté continue de l'immigration de masse, le droit du sol, et l'interdiction des statistiques ethniques se conjuguent pour rendre toute discussion scientifiquement impossible. Tout le reste est idéologique.

« Les chiffres sont des êtres fragiles qui, à force d'être torturés, finissent par avouer tout ce qu'on veut leur faire dire », ironisait le grand démographe Alfred Sauvy. La part des étrangers dans la population française est restée stable depuis 1975 et même les années 1930 : 10 %. Chiffre invariablement brandi depuis trente ans. Chiffre indiscutable. Chiffre d'une rare mauvaise foi pourtant. Imaginons que surviennent cent millions d'Africains (ou de Chinois ou de Brésiliens) dans notre beau pays ; on donne aussitôt une carte d'identité à chacun ; la part d'étrangers dans la population française n'aura pas bougé d'un millième de point. C'est ainsi que l'on a agi depuis trente ans : aux cent mille étrangers, solde annuel entre les entrants et les sortants (deux cent mille depuis dix ans), sans tenir compte des irréguliers, ont correspondu autant de naturalisations.

On torture de même les chiffres de fécondité des femmes étrangères. À partir des mêmes résultats (2,57 enfants par femme algérienne, 2,97 pour les Marocaines, 3,2 pour les Turques, 2,86 pour les Africaines), les uns notaient qu'en France celles-ci faisaient moins d'enfants que dans leur pays d'origine (sauf les Turques et les Tunisiennes), et les autres relevaient qu'elles en faisaient nettement plus que les Françaises d'origine européenne (1,7). Personne ne notait (ou ne voulait noter) que ce dernier chiffre franco-français n'était pas si éloigné des chiffres désastreux de nos voisins européens (1,75 en Suède, 1,74 en Grande-Bretagne, 1,37 en Allemagne, 1,33 en Italie, 1,32 en Espagne).

Un démographe dissident, Jérôme Dupaquier, évaluait la part des naissances d'origine africaine ou turque à 11,6 % en 2008, 13,4 % en 2013... et 18 % en 2020. Il ne comptait plus la part de la population d'origine maghrébine.

Les experts et la loi parlent uniformément de citoyen français, en fonction de la nationalité ; le Français de la rue constate la modification de la composition du peuple français. Les experts et la loi nous interdisent de nous poser la question que les gens posent sans cesse. Les chiffres ne séparent pas non plus la natalité de la métropole et celle, bien plus dynamique, des territoires d'outre-mer. Les Antillais seraient très choqués – avec raison – de semblable distinction. Mais la vision du Français de la rue – un Noir est un Noir – ignore les dissensions entre Africains et Antillais, et rejoint ironiquement l'idéologie de la négritude.

Le spécialiste de l'immigration à l'Élysée, Maxime Tandonnet, mange le morceau : évaluant le solde migratoire à 200 000 par an (alors que l'INED parle de 65 000), sans tenir compte des clandestins (la police, dit-il, procède à 80 000 interpellations de personnes qui ne figurent dans aucun fichier), et compte tenu, ajoute-t-il, du nombre de naissances étrangères en France (environ 100 000 par an), l'apport « allogène » au peuplement de notre pays, essentiellement originaire du continent africain, représente environ un tiers en tendance du renouvellement démographique. On est loin de l'indice de fécondité de 0,1 % de l'INED, dont on peut se demander d'ailleurs l'utilité. Et plus près de ce que les Français de la rue observent.

Notre dynamisme démographique est branché sur le moteur à explosion maghrébin et africain ; les dissimulations imprécatoires des Lyssenko de l'INED n'y changeront rien.

Ce n'est d'ailleurs pas la première fois que l'immigration étrangère soutient généreusement une natalité française en berne depuis le début du XIXe siècle. En 1927 déjà, Alfred Sauvy avait estimé que les francisations survenues entre 1872 et 1927 avaient contribué à la moitié de l'accroissement démographique de ces années là. Le bilan d'un siècle opéré par Michèle Tribalat en 1986 conduisait la démographe à attribuer à l'immigration étrangère plus de 40 % de l'augmentation du nombre d'habitants depuis la fin de la Seconde Guerre mondiale. La même estimait que, dans les quatre dernières décennies du XXe siècle, l'immigration étrangère représentait près de la moitié de la croissance démographique française.

Même si elle n'est pas un pays officiellement d'immigration comme les États-Unis, le Canada, ou Israël, la France n'en a pas moins développé une tradition et un savoir-faire originaux d'accueil de populations étrangères : l'assimilation, volontaire ou forcée, par un État impérieux et égalitaire qui veille à ce que ne se constitue pas, au fil des générations, une population étrangère exclue du corps de la nation. Aux yeux de Fernand Braudel, cette assimilation a été la clef de l'« intégration sans douleur » de ces immigrés qui « se sont confondus vite dans les tâches et les replis de notre civilisation », tandis que leurs cultures d'origine « ont apporté une nuance de plus à notre culture complexe ».

Sans douleur pour la France. Mais pas pour l'immigré. Pour devenir français, l'immigré devait se dépouiller d'une partie de son identité, conceptions religieuses

heurtées par les rigueurs mécréantes de la laïcité, vête-
ments, nourriture, mode de vie, langue, jusqu'au prénom
des enfants. « Juif à la maison, français dans la rue »,
résumèrent admirablement les israélites qui se voulurent
longtemps les meilleurs élèves de l'assimilation à la française. Ce ne fut pas sans souffrances ni découragement.
On prétend aujourd'hui qu'Italiens et Polonais se fondi-
rent aisément dans une population européenne et catholique. Dans son livre sur les immigrés italiens, *Voyage en
Ritalie*, l'historien Pierre Milza révèle que près des deux
tiers des Italiens sont repartis, et près de la moitié des
Polonais : « Si on peut estimer à 3 500 000 l'effectif des
migrants transalpins qui ont pris, entre 1870 et 1940, le
chemin de la France (…) le nombre de ceux qui ont fait
souche ne dépasse guère 1 200 000 ou 1 300 000 personnes » Sont restés les plus assimilables, qui mettaient
l'amour de la France et le destin de leurs enfants dans la
« grande nation » au-dessus de leurs traditions familiales
et communautaires.

Pourquoi la France exige-t-elle tant de ceux qui la
rejoignent ? Un complexe inouï de supériorité culturelle,
qui persuade les Français que leur art de vivre, leur
culture, leur civilisation, sont supérieurs ? Sans conteste.
Dès le XVIIe siècle, La Bruyère les avait pourtant prévenus :
« Tous les étrangers ne sont pas des barbares et tous nos
concitoyens ne sont pas civilisés. » Les Français n'en
avaient cure. Ils reprirent l'ancienne distinction gréco-
romaine qui englobait le reste du monde sous la termi-
nologie méprisante de « Barbares ».

Lawrence d'Arabie, nous observant avec cette lucidité
distanciée des Anglais que donne la détestation amusée

qu'ils nous vouent, comparait très pertinemment dans son récit épique *Les sept piliers de la sagesse* les comportements opposés des Anglais et des Français à l'égard des populations alors colonisées : « Les Français, bien que partant d'une doctrine analogue du Français incarnant la perfection de l'humanité (dogme chez eux et non pas secret instinct), ont continué au contraire à encourager leurs sujets à les imiter : même si ces derniers ne pouvaient jamais arriver à leur hauteur, leur mérite pourtant serait plus grand s'ils s'en approchaient. Nous considérons l'imitation comme une parodie ; eux, comme un compliment. »

Les Français copiaient une fois encore les Romains qui assimilèrent progressivement les Gaulois, en sélectionnant des élites gallo-romaines, et accordèrent la citoyenneté romaine et l'entrée au Sénat aux plus brillants d'entre eux. Michelet prétendait que le discours de l'empereur Claude admettant les Gaulois au sein du Sénat romain était « le signe de notre initiation dans le monde civilisé ». La France fit de même avec ses colonisés, le normalien Senghor ou encore le ministre Houphouët-Boigny incarnant la quintessence de l'Afro-Français, donnés en modèle d'assimilation aux autres Africains.

Mais Gibbon nous a aussi appris dans son célèbre *Déclin et chute de l'Empire romain*, que la décadence de Rome s'inscrivit dans son impuissance croissante à assimiler les populations barbares. Dans le même temps, la nouvelle foi chrétienne remplaçait lentement mais sûrement l'antique Vertu de la République romaine tant décriée, brocardée, oubliée au fil des siècles. L'historiographie contemporaine

(Alessandro Barbero, *Barbares, immigrés, réfugiés et déportés dans l'Empire romain*) confirme l'intuition du grand Anglais ; et situe également le basculement décisif en 376, lorsque les Goths, fuyant l'avancée des Huns, demandèrent l'asile aux Romains pour des raisons humanitaires. Ceux-ci tergiversèrent, négocièrent. Dans la confusion, l'armée romaine fut attaquée et détruite, l'empereur Valens mourut. Son successeur Théodose s'efforça d'intégrer les Goths comme l'avaient été les précédentes vagues d'immigrés. En vain. Pourtant, l'administration romaine, même corrompue et brutale, ne manquait pas de savoir-faire. Depuis l'édit de Caracalla en 212, qui accordait la citoyenneté romaine à tous les habitants de l'Empire, on avait assisté à une lente mais efficace romanisation des Barbares venus de Germanie, mais aussi d'Afrique ou d'Arabie. Les nouveaux venus « à la recherche du bonheur romain » adoptaient les mœurs de leur nouvelle patrie, romanisaient leurs noms, parlaient latin, vivaient, mangeaient, s'habillaient, se mariaient à la romaine ; les Flavius – patronyme souvent adopté par les anciens Barbares – étaient nombreux dans l'armée romaine qui s'avérait un remarquable « melting-pot ». De nombreux Barbares se hissèrent aux plus hauts grades, a l'instar, note Alessandro Barbero, d'un Colin Powell, fils d'émigré jamaïcain devenu ministre de la défense, ou d'un Shinseki, fils d'un japonais, chef d'état-major de l'armée, tandis que le commandant des troupes en Irak avait pour nom Ricardo Sanchez.

Mais à trop vouloir prouver, à trop vouloir lisser, à trop respecter les canons du politiquement correct, à ne plus parler d'« invasions barbares », mais d'« immigrés », puisque les Barbares étaient déjà dans la place, les historiens d'aujourd'hui renouent paradoxalement avec l'optimisme béat qu'ils reprochent justement aux élites de l'Empire romain. À leurs yeux jamais dessillés, ces Barbares renflouaient les campagnes décimées par les épidémies, cultivaient les champs, payaient des impôts et remplaçaient efficacement des Romains lassés par les rigueurs de la conscription pour défendre l'Empire aux frontières. Pourtant, à l'époque déjà, les Cassandre ne manquaient pas : lorsqu'il relate précisément les évènements de 376, Amnien Marcellin ironise amèrement sur la constance avec laquelle les autorités romaines organisèrent la traversée du Danube par les réfugiés : « On s'efforçait avec grand zèle de faire en sorte que ne demeure à l'arrière pas même un seul de ceux qui auraient subverti l'État romain. » Durant ces mêmes années, Sulpice-Sévère déplore l'accueil sur le sol romain d'autant de gens qui ne font que semblant de se soumettre ainsi que la présence « dans nos armées et dans nos villes de tant de barbares qui vivent parmi nous et dont nous ne voyons pas qu'ils s'adaptent à nos coutumes ».

Au IVe siècle, les violences, les pillages, les agressions se multiplient. Les grands propriétaires latifundiaires s'entourent de milices privées. Mais lorsque le commandant romain de la cité de Tomi en Scythie, Gérontius, attaque et disperse un contingent de Goths qui mettaient la région à feu et à sang, il est destitué et soumis à une procédure d'enquête, « fait révélateur de l'impasse dans laquelle se trouvait désormais le gouvernement impérial, trop dépendant de l'épée des Goths pour

pouvoir s'en passer » (Barbero). Jadis, les bandes four-
nies par les Goths pour lutter contre la Perse, une fois
accomplie leur mission, étaient reparties dans leur
patrie, les bras chargés de présents. Désormais, les « mer-
cenaires enrôlés à une échelle sans précédent » s'installaient avec femmes et enfants. L'Église chrétienne
naissante favorisa ce tropisme ; assoiffée de conversions
nouvelles, elle trouvait chez les Goths des ressources
inépuisables. Jusqu'au bout, les classes dirigeantes de
l'Empire, anciennes et nouvelles, continuèrent d'encourager l'immigration pour des raisons humanitaires et
religieuses.

Le christianisme a été remplacé aujourd'hui par ce que
Régis Debray appelle la religion des droits de l'Homme.
On retrouve chez nos élites, surtout françaises, un
comportement similaire à celui de leurs devancières
romaines. Les grands prédicateurs de la RDH, philosophes, politiques, chanteurs, acteurs, comme leurs prédécesseurs chrétiens, enrôlent et bénissent des millions de
« barbares » étrangers sous leur resplendissante bannière,
sans se préoccuper de savoir si ceux-ci croient réellement
à la nouvelle foi, encore moins s'ils ont envie d'adopter les
mœurs de leur nouveau pays ; et se moquent éperdu-
ment de l'avis des populations autochtones qui subissent
stoïquement ces vagues infinies. L'histoire de l'Empire
s'est achevée comme on le sait tragiquement, non par des
« invasions barbares », mais, selon Alessandro Barbero,
par « la perte de contrôle gouvernemental de ces territoires [qui] hâtèrent la naissance progressive de royaumes,
d'abord autonomes, puis réellement indépendants, préci-
pitant ainsi [...] la chute de l'Empire romain ».

L'assimilation est individuelle ; elle interdit à tout groupe constitué sur des bases ethniques ou culturelles de se rassembler et de se retrancher du reste de la nation sur une partie du territoire ; d'y imposer ses propres lois. Ainsi, Rome ne toléra-t-elle longtemps, jusqu'à la catastrophe ultime, aucun « *imperium in imperio* ». On a montré comment le pouvoir français – monarchique, impérial ou républicain – a réprimé tout « État dans l'État », quitte à courir le risque du despotisme. C'est que notre pays n'en a jamais fini avec les guerres civiles, réelles ou fantasmées.

Emmanuel Todd nous en donne la raison la plus séduisante : la France est le seul pays d'Europe dans lequel ont cohabité deux modèles familiaux. Autour du Bassin parisien, un modèle libéral de famille nucléaire, égalitaire ; dans le Sud et l'Ouest, une famille-souche, à la fois autoritaire et inégalitaire. Ces deux modèles familiaux sont pour Todd les matrices de deux régimes politiques opposés, l'un libéral et égalitaire, l'autre conservateur et aristocratique.

Or, avec l'immigration arabo-africaine, notre pays connaît à nouveau un conflit du même type. La famille française contemporaine, finalement alignée sur le modèle de l'Île-de-France, est exogame, nucléaire, égalitaire et libérale. L'« échange des femmes », comme disent les ethnologues, a façonné l'histoire matrimoniale de notre pays : entre deux champs ou villages voisins, entre Picards et Marseillais, Bretons et Auvergnats ; la femme y reçoit traditionnellement la même part d'héritage que l'homme.

La famille musulmane est polygame et endogame ; elle repose sur la loi du clan, et donne ses femmes aux cousins ; elle suppose l'enfermement des filles et le choix contraint. La femme ne reçoit pas une part égale à celle de l'homme dans l'héritage familial. Le voile en est un symbole ; il enferme la femme dans la loi inégalitaire du clan ; il interdit celle qui le porte à l'autre, au non-musulman. Il est donc objectivement tout ce que la société française abhorre, refusant de « donner ses filles » sans réciprocité. La violence de la polémique sur le voile en France repose sur ces incompatibilités entre deux modèles anthropologiques bien davantage que sur la question plaquée du féminisme moderne, qui agit en l'occurrence tel un coucou idéologique. La loi sur le voile dans les écoles de 2004 a pansé la plaie la plus vive ; elle n'a pas guéri le malade.

La révolte silencieuse d'une part croissante de filles, imprégnées de l'égalitarisme français, a certes érodé les traditions : environ 15 % des femmes maghrébines sont mariées avec un Français. L'« intégration » est en marche, se réjouissent certains ; les parents maghrébins accepteraient l'« exogamie » à la française. Un autre chiffre vient cependant tempérer l'optimisme professionnel des experts : sur 270 000 mariages français célébrés en 2005, 90 000 le sont avec un étranger. Un tiers ! Ce chiffre énorme ne s'explique pas seulement par le développement des transports ou des filières russes. Le gros de la troupe est évidemment composé d'enfants d'immigrés mariés de gré ou de force, avec des cousins du pays ; les pourcentages exponentiels des mariages avec les Turcs ou les Algériens l'attestent.

La baisse relative de la natalité dans les familles maghrébines fragilise plus encore le modèle endoga-

mique déjà soumis aux pressions de la « modernité occidentale », comme le soutient fort bien Emmanuel Todd.
Pour sauver leur modèle anthropologique dans un uni-
vers foncièrement hostile, les familles musulmanes qui
refusent de donner leurs filles à des « roumis » – le Coran
interdit le mariage avec des non-musulmans – vont donc
chercher des membres du clan au « bled ». Et ramènent
en France un jeune homme ravi d'obtenir ainsi aisément
ces fameux papiers qu'une foule en délire réclama à
Jacques Chirac lors de son dernier voyage de président
en Algérie. La logique communautaire des immigrés
musulmans subvertit ainsi la logique individualiste du
droit français pour opérer un véritable transfert collectif
de population.

Cette diminution de la natalité provient elle-même de
la montée de l'instruction des filles, qui les pousse,
comme en Europe à prendre conscience d'elles-mêmes,
de leur corps, tandis que les garçons, en s'instruisant,
adoptent souvent une posture idéologique (de la révolution française à la révolution iranienne de 1979). Todd
nous explique doctement que ce n'est qu'une transition,
et que l'islam rejoindra lui aussi le courant individualiste
de la modernité ; mais ce ton à la fois impérieux et rassu-
rant du spécialiste laisse de côté le même Todd qui com-
pare historiquement cette période de transition à la
révolution de 1789 pour la France et à la République de
Weimar pour l'Allemagne.

Le démographe reste fidèle aux conclusions de son
ouvrage *Le Destin des immigrés*. Il y vantait la réussite
de « l'universalisme individualiste français, hostile au
groupe différent par les mœurs, mais incapable de perce-

voir l'individu de ce groupe comme réellement porteur de sa culture d'origine dès lors qu'il manifeste son désir d'entrer dans la société française ». Il s'appuyait sur des chiffres qu'il estimait rassurants : en 1992, un quart des immigrés d'Algérie de 20 à 60 ans vivaient en couple avec un conjoint français né en France de parents français ; chez les jeunes gens de 20 à 30 ans, un garçon sur deux avait une union avec une fille d'origine française (mais seulement une sur quatre pour les filles). Mais les chiffres se sont modifiés et infirment aujourd'hui son constat optimiste d'hier : en 1993, 71 % des jeunes français de parents maghrébins se sentaient « plus proches du mode de vie et de culture des Français » ; ils ne sont plus que 45 % en 2003, tandis que 39 % se déclarent désormais « plus proches du mode de vie et de culture de leur famille », contre 20 % en 1993. Voilà 15 ans, 71 % des jeunes français de parents maghrébins des deux sexes déclaraient avoir eu « des relations amoureuses avec des Français(es) d'origine non maghrébine ». Ils ne sont plus que 59 % en 2003, moyenne qui dissimule une grande différence entre les hommes (78 %) et les femmes (40 %). Le renfermement endogamique des jeunes filles musulmanes est en bonne voie.

Les querelles sur le voile islamique, les pressions viriles sur les filles, qui transforment le paysage urbain dans les banlieues françaises, relèvent, comme l'indique fort bien le géographe Yves Lacoste, d'enjeux majeurs : « À travers le comportement des jeunes filles, leur affirmation d'identité islamique, symbolisée par le voile, c'est la question du pouvoir qui est posée, du pouvoir au sein du monde musulman français mais aussi, peut-être, d'un pouvoir spécifiquement musulman sur certains quartiers urbains soustraits au pouvoir civil français. »

Todd est un serrurier qui aurait forgé une clef magique ouvrant des portes soigneusement closes mais qui, effrayé par les monstres qu'il découvre, claque la porte derrière lui, jette la clef, et affirme d'un air dégagé qu'« il n'y a rien à voir ». Et, lorsque les curieux le pressent, il leur invente un conte pour enfants auquel il finit par croire lui-même. L'optimisme est de commande, il s'apparente à un « *wishful thinking* », une prière, une naïveté. La célèbre réplique du film *Drôle de drame* est retournée : « À force de ne pas dire des choses horribles, elles n'arriveront pas. » Blaise Pascal a répliqué d'avance : « Qui fait l'ange fait la bête. » Il faut toujours se méfier des optimistes.

Historiquement, l'intégration s'est faite par le travail ; la famille du migrant le rejoignait quand la situation professionnelle du chef de famille était stabilisée. Dans les années 1930, on n'avait pas hésité à renvoyer par wagons entiers des Polonais que la crise économique avait rendus chômeurs. Lors de la crise du pétrole, dans les années 1970, nous n'avons pas traité avec la même désinvolture les travailleurs étrangers licenciés des industries automobiles. Le président Giscard d'Estaing eut la velléité d'agir comme ses devanciers de la IIIe République. Il atermoya entre aide au départ, négociations avec les pays d'origine et renvois autoritaires. Rien de décisif. Politiquement, il se retrouva sous la surveillance « humanitariste » de la gauche mais aussi des démocrates-chrétiens et des gaullistes au sein même de sa majorité. Ce fut la grande bataille des années 1970 et 1980. Le président Giscard d'Estaing échoua à renvoyer une partie des immigrés devenus chômeurs, dont les experts de Matignon et des Finances y savaient qu'ils ne retrouveraient pas d'emploi. Ses successeurs, Jacques Chirac entre 1986 et 1988 puis les premiers ministres Rocard et Cresson ne firent pas mieux. Il fallut admettre que les droits de l'homme s'imposaient désormais à la souveraineté de l'État. Les expulsions collectives d'étrangers avaient été interdites par un protocole additionnel à la Convention européenne de sauvegarde des droits de l'homme et des libertés fondamentales. L'article 8 de cette convention sacralisait le « droit au respect de sa vie privée et familiale », et poussait les gouvernements à encourager un regroupement familial alors même qu'on fermait officiellement le robinet de l'immigration économique de travail. Étonnant décalage culturel : dans la tête de tous, les femmes et enfants venus en France depuis le milieu des années 1970 ont rejoint des travailleurs qui, en réalité, n'existent pas. L'immigration familiale s'est autoengendrée, inventant à cette occasion un nouveau type d'immigration de peuplement.

Les contextes économique mais aussi sociologique ont changé ; ces bouleversements expliquent en grande partie le changement de politique à l'égard des immigrés. À partir des années 1970, le capitalisme change de visage. Innovations technologiques, désindustrialisation, développement des services, puis délocalisations. Comme à la fin du XIXe siècle, le libre-échange des marchandises bouleverse l'économie mondiale ; mais, pour la première fois, il est accompagné, puis amplifié par le libre-échange des moyens de production : capitaux et hommes.

La « mondialisation » représente la sortie par le haut du capitalisme pour retrouver une meilleure rentabilité financière et permettre à une nouvelle classe dominante de s'arracher à la promiscuité d'avec une classe moyenne enrichie. Trente ans plus tard, l'opération est doublement réussie : la « financiarisation de l'économie » a permis l'émergence d'une « superclasse mondiale » de nouveaux riches ; aux États-Unis, le degré d'inégalités est redevenu celui de 1920. Toute la politique redistributive depuis le New Deal a été effacée. Dans tous les pays d'Europe, on a suivi le même modèle. Seule la France est « à la traîne », s'accrochant vaille que vaille à sa philosophie égalitariste. Mais la France est aussi le pays le plus attaché symboliquement à son imaginaire égalitaire – et sa triple inspiration catholique, révolutionnaire, communiste –, où le fractionnement de la classe moyenne (re)prolétarisée, le déclassement social des enfants des classes populaires – diplômes transformés en assignats universitaires – sont vécus comme une trahison politique et même eschatologique de la République. D'où ces « jacqueries électorales » contre les élites : Le Pen présent au second tour de l'élection présidentielle de 2002 ; la victoire du « non » au référendum européen de 2005.

La remise en cause idéologique des frontières avait débuté dès les années 1970 à l'extrême gauche. Celle-ci exaltait les « citoyens du monde » et faisait l'éloge du « nomadisme », opposé aux minables sédentaires petits-bourgeois. Cette diabolisation des frontières pour les hommes prépara le terrain dans l'opinion à son abolition pour les marchandises et les capitaux. L'immigration a toujours permis au patronat depuis l'aube du capitalisme industriel de faire pression à la baisse sur les salaires des ouvriers « indigènes ». Les Belges, les Italiens, les Espagnols ont déjà constitué ce que Karl Marx appelait « l'armée de réserve du capitalisme ». Face à la baisse tendancielle du taux de profit, comme aurait dit le même Marx, de la fin des années 1960, le capitalisme passa la vitesse supérieure : les immigrés des anciennes colonies ne suffirent plus ; les femmes, entrées massivement dans le salariat des services non plus ; on inventa donc l'immigration permanente à flux tendu. À partir des années 1990, les délocalisations d'entreprises complétèrent efficacement le tableau. L'entrée sur le marché mondial du travail d'un milliard de miséreux indiens et chinois provoqua un formidable effet déflationniste sur la masse salariale mondiale qui donna une rentabilité exceptionnelle aux capitaux.

Cette nouvelle organisation économique fut préparée idéologiquement et culturellement par une redoutable offensive d'artillerie, ce que Jean-Claude Michéa, dans *L'Empire du moindre mal* appelle les « ateliers sémantiques chargés d'imposer au grand public, à travers le contrôle des médias, l'usage des mots les plus conformes aux besoins des classes dirigeantes ». Le cinéma, la télévision, les acteurs, chanteurs, et tous les « peoples » exaltèrent la figure de l'étranger ; le métissage devint une quête. « Le monde est plein d'idées chrétiennes devenues folles », avait dit de façon prémonitoire l'auteur anglais Chesterton. Les vieilles nations européennes furent donc sommées d'ouvrir leurs barrières frontalières devant ces masses d'immigrants, dont le nombre était décuplé par le développement technologique des moyens de transport et l'explosion démographique ; des millions d'êtres humains se mirent en branle partout à travers la planète. Le nomadisme prenait une revanche inespérée sur sa défaite d'il y a trois mille cinq cents ans face aux sédentaires. À la même époque, les hommes avaient inventé l'agriculture, les villes et l'écriture. Un grand urbaniste, Paul Virilio constate, effaré, « la mort des villes » rendues invivables par leur extension indéfinie et la surpopulation.

Très habilement, le capitalisme consumériste mondialisé utilisa les changements culturels apparus à la fin des années 1960. Le respect des racines et des identités mina la tradition assimilationniste française, lui rendit odieuse et illégitime la traditionnelle pression de la population française pour que les nouveaux venus adoptent, au-delà du respect des lois, les us et coutumes du pays d'accueil, transformant l'ancienne conviction française d'apporter la civilisation aux « barbares » en « racisme ».

Cet orgueil de soi en est pourtant l'exact contraire. Le raciste hiérarchise les individus en fonction de leur race ; le Français pense que tout étranger, quelles que soient son origine, sa race, sa religion, peut accéder au nirvana de la civilisation française. Attitude un brin arrogante, xénophobe même, mais aucunement raciste. Le raciste, à l'instar de l'Anglais, considère qu'un Indien, malgré tous ses efforts, ne parviendra jamais à parler avec l'accent d'Oxford.

Sur les ruines de l'assimilation, le culte du métissage fut édifié comme le miroir inversé de la race pure. Le métissage nous apporterait la réconciliation universelle. Outre que ce discours est historiquement faux – le métis-

sage entre conquistadores et Indiens n'ayant nullement
empêché massacres et pillages – il est erroné intellectuel-
lement. Ainsi que le note pertinemment Pierre-André
Taguieff, le métissage « obligatoire » est souvent associé
à l'exaltation de la diversité, deux notions antagonistes.
Le mot « race » est devenu dans notre société le tabou
suprême, comme le sexe au XIXᵉ siècle. Celui-ci est
refoulé parce qu'on aimerait tant qu'il n'existe pas ; mais
il nous obsède. Le puritain voyait le sexe partout ; l'antiraciste moderne voit des racistes partout. On sait depuis
Freud que le tabou refoulé plonge dans les profondeurs
inconscientes avant de se déchaîner avec une violence
explosive. L'ancien adage « à Rome, fais comme les
Romains » devint odieux à une élite qui ne rêvait que
d'éloge des différences.

Quant au « peuple », redevenu plèbe, populace, canaille,
comme disait Voltaire au XVIIIᵉ siècle, il n'avait plus aucune
légitimité à imposer sa culture, son mode de vie à des
étrangers dont on magnifiait au contraire l'identité et la
culture. Cette contestation libertaire des nations, frontières, État, ferait le lit idéologique d'un libre-échangisme
mondialisé et d'une finance internationalisée et sur-
puissante – dont les centres vitaux étaient à Londres et
à New York. Celui-ci prendrait alors un avantage décisif
sur un capitalisme industriel, qui avait pourtant réussi
le « miracle », après les destructions inouïes de la guerre,
de remettre la vieille Lotharingie continentale au cœur de
l'économie-monde. La mer (par où passait l'essentiel du
commerce international) submergeait une fois encore la
terre (que les usines abandonnaient). L'internationalisme
d'extrême gauche avait servi d'idiot utile au capitalisme

financier anglo-saxon. Comme si Carthage avait utilisé la
révolte de Spartacus pour vaincre Rome.

L'assimilation à la française blessait et meurtrissait les
amours-propres identitaires, mais favorisait un rapprochement réel des conditions économiques et sociales,
dans le cadre d'une homogénéisation culturelle. La
modernité multiculturelle, fondée sur la « diversité »,
soigne les amours-propres identitaires, mais fait accepter
un formidable accroissement des inégalités économiques. Pauvre mais fier ! Le message « multiculturaliste » et inégalitaire a vaincu aussi facilement parce que
les enfants de nos anciennes colonies arabo-africaines
ont vu dans le mot « assimilation » une flétrissure passée,
une échelle dans la civilisation dont ils n'atteindraient
jamais l'ultime barreau. Ils la rejetèrent avec d'autant
plus de véhémence que leurs pères avaient eux rêvé
d'atteindre cet empyrée de la culture et de la puissance
au moment même où les élites françaises, conscientes de
l'inéluctable déclin français, retournaient l'universalisme
catholique et français contre la France. Leurs pères
avaient cru au vers de Corneille : « Si vous n'êtes romain,
soyez digne de l'être » ; les enfants chantèrent la gloire
d'être « barbares ».

Nous avons déjà pu constater, grâce au dernier livre de
Marc Fumaroli, que ce renoncement à notre héritage
classique fait le lit, pour la culture élitiste comme pour
son homologue populaire, de la puissante machine américaine de l'*entertainment*.

Parmi les jeunes générations, le retour vers l'Afrique
passe en effet par l'Amérique ; ou plus précisément par la
culture noire américaine : tags, rap, hip hop, verlan, les

caractéristiques de l'expression banlieusarde issue de
l'immigration, à la fois sous-culture et contre-culture,
reprennent les traits habituels de la révolte juvénile en
France au xxe siècle, depuis sa sortie de la matrice à la
fois savante et sensuelle du jazz. Fascination de la puissance impériale américaine et mépris haineux pour une
France déclassée. Appauvrissement mélodique et sim-
plisme linguistique. Violence éruptive qui mime la
révolte des classes populaires du xixe siècle et qui s'avère
en fait l'apprentissage d'un capitalisme de séduction,
consumériste et hédoniste, qui détruit les structures traditionnelles, famille, patrie, Églises, État, pour mieux
faciliter la domination sans partage du marché. Contrairement à ses ancêtres rock et pop, le rap n'a pas celé
longtemps sa réalité crue derrière des ritournelles progressistes ou pacifistes, en avouant très vite son culte
pour l'argent facile et les signes ostentatoires de la
richesse. Les « rebelles » qui crachent « nique ta mère » et
« je baise la France » s'identifient aux ghettos noirs new-
yorkais et à leurs figures de grands bandits, sont parfaitement insérés dans une mondialisation sous domination
américaine qui désherbe les séculaires et subtiles
cultures nationales comme du chiendent, et facilite, par
la liberté des capitaux, une économie mafieuse qui
pénètre les circuits économiques plus traditionnels. On
retrouve aussi chez eux la volonté de s'approprier un
passé esclavagiste qui n'est pas le leur, usurpation historique qui scandalise les Antillais les plus « conscienti-
sés ». Le monde du rap, par ailleurs fort divers et secoué
de conflits de personnes permanents, est enfin travaillé
par une islamisation fièrement proclamée qui touche les

fils d'Africains christianisés, jusqu'aux rares Blancs vivant dans ce milieu, comme si l'islam avait gagné ses galons de culture unificatrice et identificatrice d'une génération et d'une géographie banlieusardes.

Par le chant, la danse, la peinture, c'est une ode permanente à une banlieue africanisée, à la fois meurtrie et glorifiée, entre victimisation et défi, misère exagérée et économie de la prédation, banalisée et excusée, ode reprise et encensée dans les grands médias nationaux, à destination d'une jeunesse bourgeoise blanche à la fois fascinée et effrayée par cette culture ostensiblement virile, la seule autorisée par le fémininement correct.

Régis Debray remarque judicieusement que le peuple signifie en français à la fois plèbe et nation. La plèbe rejetée, la nation le fut d'un même mouvement de dégoût. Cette défaite idéologique de l'assimilation à la française fut gravée dans le marbre institutionnel de la construction européenne. Les autres pays du continent n'ont jamais adopté notre tradition. Longtemps pays d'émigration, ils doivent faire face depuis peu aux bouleversements nés d'une immigration étrangère. La plupart de ces pays penchent vers un système « communautaire » qui fait du respect de la « diversité » l'indépassable horizon de toute politique d'« intégration ». Le Canada a donné les clefs théoriques de ce nouveau système des « accommodements raisonnables », à l'exact opposé des conceptions françaises. On n'impose plus, on n'assimile plus, il n'y a plus de culture dominante ; à Rome, on ne fait plus comme les Romains ; on négocie, on échange, de puissance à puissance, de culture à culture. Ce système fonctionne mal dans les pays qui l'ont appliqué – Angleterre,

Pays-Bas. Mais la classe politique européenne, par crainte du qu'en dira-t-on médiatique, préfère enfouir la tête dans le sable.

Frits Bolkestein, ancien commissaire, devenu célèbre pendant la campagne du referendum européen grâce à la fameuse polémique sur le libre circulation du « plombier polonais », le confiait à Sébastien Fumaroli :

« Les rapports entre les États-nations européens, leurs immigrés musulmans et le monde islamique est en fait aujourd'hui le problème n° 1 de l'Europe. Or, à la Commission européenne, il n'en a jamais été question. J'ai eu beau, à deux reprises, tenter de le mettre sur le tapis, j'ai été chaque fois au bord de me faire accuser de racisme. Vous avez sous les yeux cette ancienne ville, Amsterdam, capitale des Pays-Bas. Dans quinze ans, la communauté islamique y sera majoritaire. Dans quinze ans, Amsterdam aura un maire musulman. Quelles en seront les conséquences ? Comment peut-on gouverner l'Union européenne et fermer les yeux sur cette formidable révolution démographique et politique qui nous pend au nez ? »

Le 19 novembre 2004, le Conseil des ministres « justice et affaires intérieures » adoptait les Principes de base communs de l'Union européenne en matière d'intégration des immigrants. Le premier article énonçait clairement : « L'intégration est un processus dynamique, à double sens, de compromis réciproque entre tous les immigrants et résidents des États membres ». L'article 7 de la déclaration enchaînait logiquement : « Un mécanisme d'interaction fréquente entre les immigrants et les ressortissants des États membres est essentiel à l'intégration. Le partage d'enceintes de dis-

cussion, le dialogue interculturel, l'éducation pour
mieux connaître les immigrants et leurs cultures, ainsi
que l'amélioration des conditions de vie en milieu
urbain renforcent les interactions entre immigrants et
ressortissants des États membres. » L'article 9 proposait
sans le dire de généraliser le droit de vote des étrangers
aux élections locales, rompant ainsi le lien révolutionnaire entre citoyenneté et nationalité, déjà mis à mal il
est vrai par le vote des membres de l'Union lors des
échéances européennes. À l'époque, le gouvernement
Raffarin ne cilla pas. Désormais, en vertu du traité de
Lisbonne ratifié par notre pays en 2007, à l'instigation
du président Sarkozy, ses successeurs ne pourront plus
résister, puisque l'immigration sera devenue une com-
pétence communautaire : les décisions concernant
l'immigration seront désormais prises à la majorité
qualifiée du Conseil. Alors même qu'il créait pour la
première fois un ministère de l'Identité nationale en
2007, le gouvernement français du président Nicolas
Sarkozy avalisait donc un système d'intégration des
étrangers contraire à notre tradition séculaire.

Selon un canevas désormais usuel, les élites françaises s'étaient abritées derrière l'Europe pour abandonner un modèle national qu'elles rejetaient, jugeaient
injuste et inadapté aux temps nouveaux, tandis que les
classes populaires s'y accrochaient au fond de leur
cœur sans oser ni pouvoir le défendre dans l'espace
démocratique.

Celles-ci votent avec leurs pieds. Refusant ce « vouloir
vivre ensemble » négocié, ne se « sentant plus français
en France », les « non-immigrants » – comme disent

désormais les démographes pour ne pas dire « Français de souche » devenu honni – fuient leurs quartiers lorsqu'ils estiment qu'il y a « trop d'immigrés ». Les élites condamnent alors la constitution de « ghettos » et veulent contraindre par la loi les gens à rester et à « vivre ensemble » au nom de la « mixité sociale ». Dans un système où l'assimilation demeure le sur-moi populaire, et la diversité multiculturaliste la réalité non assumée mais vantée par les « faiseurs d'opinion », on comprend mieux l'incompréhension, voire l'hostilité croissante entre autochtones et jeunesse d'origine immigrée qui se réfèrent à deux modèles de coexistence différents, en utilisant le même concept-valise d'intégration vidé de sa substance. On apprécie mieux les mouvements de fuite et de concentration ethniques jamais vues en France, et potentiellement explosives :

« Si on abandonne l'assimilation, il faut également consentir à faire son deuil de la mixité sociale à laquelle les autochtones se plient à condition qu'on ne les oblige pas à voisiner avec des personnes dont les modes de vie sont trop différents des leurs. On ne peut pas à la fois désirer respecter les différents usages, et empêcher les individus de choisir leur voisinage » (Philippe d'Iribarne. *Le Débat* n° 129 mars-avril 2004).

Pour qualifier ces mouvements de séparation de populations, certains évoquent, avec des trémolos dans la voix, une « situation d'apartheid ». C'est l'exact contraire. L'« apartheid » est une séparation imposée par les élites politiques au nom de principes racistes. En France, aujourd'hui, les politiques sont les derniers à tenter d'imposer un « mélange », une « mixité sociale » au nom

de principes humanistes à des populations qui, majoritairement, « votent avec leurs pieds » en faveur d'un
divorce en bonne et due forme.

En Seine-Saint-Denis, la proportion de jeunes d'origine étrangère est passée de 18,8 % à 50,1 % en trente
ans. Dans des villes comme Mantes-la-Jolie, leur nombre
a été multiplié par 11 entre 1968 et 1999, quand celui
des enfants de parents nés en France diminuait de 42 %.
Un « processus de substitution », constaté par la démographe Michèle Tribalat. Celui-ci touche Paris et toute la
petite couronne, mais il connaît la plus grande intensité
en Seine-Saint-Denis, qui a perdu 110 000 enfants de
deux parents nés en France quand le nombre des enfants
d'au moins un parent étranger augmentait de 103 000 :
« On ne cherche plus seulement à quitter son quartier,
mais sa commune, voire son département. » Et la démographe de conclure : « Les déclarations sur la nécessité de
casser les ghettos vont se heurter à cette dynamique, très
difficile à renverser, d'autant que l'immigration étrangère continue à se concentrer sur l'Île de France. L'hété-
rogénéité culturelle est aujourd'hui, par effet mécanique,
liée à l'ancienneté des courants migratoires de populations à forte fécondité, très visible sur le bas des pyramides
des âges. Elle va, dans les décennies à venir, "remonter"
les pyramides des âges et se trouver renforcée latérale-
ment, compte tenu de la démographie déclinante, par
des flux migratoires persistants, en provenance des pays
musulmans notamment. » Pour l'instant, la prophétie reste
contenue dans les cadres démocratiques. Lors de la
dernière élection présidentielle, le vote pour Ségolène
Royal recueillait 80 % des voix dans les banlieues à forte

concentration ethnique, tandis que, dans les petites communes pavillonnaires, Sarkozy raflait la mise. Cette émergence d'un vote ethnique rapproche la France de la situation américaine où le parti démocrate est le traditionnel réceptacle des votes noirs.

Cette polarisation ajoutant aux anciens critères sociaux des considérations ethnico-raciales, risque de prendre dans nos vieux pays d'Europe une autre allure. Aux Pays-Bas, où manque la profondeur territoriale de la France, un tiers des Hollandais affirmaient, dans un sondage réalisé au lendemain de l'assassinat du leader politique d'extrême droite Pim Fortuyn, qu'ils songeaient à s'expatrier. En France, le départ pour Israël de populations juives a connu une brusque poussée avec la montée des violences antisémites en Seine-Saint-Denis autour de 2000.

L'islam n'est pas seulement une religion du salut, mais aussi une foi qui donne une dignité aux pauvres, une culture, un mode de vie qui régente chaque instant de l'existence, une civilisation. Un moment – entre 1800 et 1960 – ébranlé par la modernité occidentale conquérante, l'islam a recouvré son dynamisme identitaire, après avoir replongé dans sa source originelle depuis la révolution iranienne ; il a modernisé son message en le déterritorialisant – une « contre-mondialisation » –, renouant ainsi avec ses origines universalistes et conquérantes.

L'islam est désormais un marqueur identitaire qui efface tous les autres. Les nationalismes arabes ont été balayés par leurs échecs économiques, géostratégiques – face à Israël – mais surtout par la vague islamique. En

France aussi. Florence Bergeaud-Blacker, sociologue à l'unité d'anthropologie de l'université d'Aix-en Provence, constate ainsi qu'« être musulman devient le premier identifiant, celui que l'on classe avant toutes les autres appartenances. Une étude réalisée en 2000 dans des écoles de Marseille et de Lille a très bien montré ceci : chez les jeunes d'origine maghrébine, on se dit musulman avant de se dire garçon/fille, français ou marseillais, etc. ».

De nombreux signes marquent la prégnance de cette identité. La vogue persistante des prénoms musulmans, Mohamed en porte-drapeau, est la plus impressionnante. Jusqu'à un ministre de la République française, Rachida Dati, incarnation pourtant flamboyante de l'assimilation à la française, qui prénomma sa fille Zohra. Près de deux mille enfants ont été prénommés Mohamed en France en 2006 ; Mohamed est le premier prénom donné à Bruxelles, le second à Londres, après Jack. Les concurrents de Mohammed, un Ryan par exemple, manifestent non un désir de dissolution dans le maelstrom français, mais plutôt une volonté d'affirmer une identité arabe modernisée dans un monde globalisé.

Les musulmans ne furent ni les seuls ni les premiers à arborer les prénoms de leurs enfants en étendard identitaire. Tout a commencé dans les années 1960, avec une génération en quête de racines, retournant qui à sa celtitude, qui à sa judéité. Et les Yohann, et les Sarah de fleurir tels crocus au printemps. Les étrangers n'ont fait que suivre une mode venue de France, ignorant la loi de 1972 qui, reprenant des textes de 1965, encourageait la « francisation » des prénoms, jusqu'aux patronymes, lors de la naturalisation. En 1981, l'État socialiste interdisait aux

préfets d'opérer une francisation forcée lors de l'inscrip-
tion des enfants à l'état civil. Au nom de la liberté individuelle et du respect des « racines ». En 1993, la loi
entérinait le renoncement de l'État. Il devenait interdit
d'interdire un prénom qui n'était pas dans le calendrier.
Une fois encore, la logique individualiste du droit
(romain et napoléonien) était subvertie par une logique
collective identitaire. Entre Mohamed et Kevin, entre
islamisation et américanisation, les prénoms des enfants
« français » marquaient avec éclat la déchristianisation et
la défrancisation de notre pays.

Le retour d'un islam identitaire dans les jeunes générations est le signe tangible de l'affrontement entre deux
universalismes égalitaires, le français et l'islamique. Cette
convergence égalitaire explique d'ailleurs sans doute la
fascination de nombreux musulmans pour la Révolution
française au XIXᵉ siècle à partir de l'expédition d'Égypte
de Bonaparte, et les nombreuses conversions à l'islam
que l'on peut constater aujourd'hui dans toutes les banlieues françaises. La promesse égalitaire française, minée
dans la mondialisation par les injonctions inégalitaires
venues des pays anglo-saxons, résiste moins bien à
l'assaut de sa rivale islamique.

« J'ai commencé par l'école coranique, comme tout le
monde. Mais, ensuite, c'est notre père qui nous a pous-
sés, mes frères et moi, à aller à l'école française. Au
village, sur une centaine d'enfants, nous étions une poi-
gnée à y aller. "Ceux qui apprennent le français quand ils
seront morts, ils iront en enfer !" disaient les gens. Moi, je
voyais les vieux qui jouaient aux cartes et qui parlaient
français : "Et eux alors, je demandais, ils iront en enfer" ? »

(Abasse dione, écrivain sénégalais, dans *Le Monde* du 6 septembre 2008.)

La langue française est la langue sacrée de la raison, de la liberté, de l'émancipation par rapport à la religion et au pouvoir. Du moins a-t-elle été ainsi intériorisée par les Français, et par les élites du monde entier. Elle fut vomie par les clergés espagnol, russe, puis belge pour le même motif : la langue de l'antéchrist. Aujourd'hui, dans les banlieues françaises, nombre de familles musulmanes interdisent à leurs enfants de parler à la maison le français, langue du diable.

Pour la première fois dans son histoire, depuis le temps lointain où il a supplanté le latin, le français doit affronter sur son sol une double concurrence. D'abord, celle d'une nouvelle *lingua franca*, idiome universel, qu'on appelle l'anglais ; plutôt un anglo-américain de bazar, comme il y eut jadis un latin de cuisine, baragouiné dans les bataillons cosmopolites de l'armée romaine, celui des aéroports, de l'économie, des états-majors des plus grandes entreprises. Devant l'assemblée de leurs actionnaires, les grands patrons du CAC 40 prononcent leurs discours en anglais. Parmi la nouvelle génération des chanteurs français, nombreux sont ceux qui écrivent leurs « lyrics » directement en anglais. Si cette tendance persistait, le français rendrait les armes ; il aurait été la dernière langue à résister en Europe ; depuis belle lurette, les groupes musicaux allemands, hollandais, suédois, ou même venus des pays latins, chantent dans « la langue du marché mondial ».

La seconde rivale est une langue sacrée religieuse, celle du Coran, l'arabe, qu'une nouvelle génération en quête d'identité et de racines, les jeunes Français musulmans, s'efforce d'apprendre. Musulman signifie : « Soumets-toi à Dieu. » Il était inévitable que la langue de la soumission à Dieu affrontât la langue de la liberté, de l'abstraction, de l'émancipation. Dans le creuset banlieusard aux dizaines de nationalités se forge au jour le jour un nouveau langage admiré des seuls linguistes et des « belles âmes » qui croient y voir un surgeon de la vieille tradition argotique du peuple français. Le vocabulaire y est au contraire désespérément appauvri ; la syntaxe n'est plus française ; la rigueur de la structure latine a été balayée. Une nouvelle langue – un français créolisé, un pidgin ? – est née, et se répand, coupant une partie de la jeunesse de notre pays du reste de la population.

Élites mondialisées parlant, pensant en anglais, et lumpenprolétariat islamisé forgeant un créole banlieusard : une double sécession linguistique mine silencieusement notre pays qui avait pris l'habitude séculaire d'associer unité politique et linguistique, et qui fit même pendant longtemps rimer les progrès de la francisation avec ceux des Lumières.

Après les émeutes de novembre 2005, le maire communiste de Vénissieux, André Gérin, écrivit dans un livre intitulé *Les Ghettos de la République* : « Le problème des émeutes, à Vénissieux, ou dans les communes semblables, c'est qu'elles se produisent tout le temps [...]. Lorsque je dis que sont perceptibles les germes d'une guerre civile, je n'exagère pas, je ne noircis pas le tableau. Au contraire, je suis au-dessous de la vérité. »

Pour l'instant, ces émeutes urbaines sans objectifs politiques ni leaders charismatiques ressemblent plutôt aux « émotions populaires » de jadis, à ces jacqueries qui émaillèrent continument l'histoire de l'Ancien Régime. Sauf qu'en 1789, on crevait de faim et que deux siècles plus tard, on touche le RMI. Quant à l'Islam, il ne remplace pas aisément l'enseignement des « Lumières » comme ferment révolutionnaire ; le déséquilibre des forces conjure pour l'instant les menaces de guerre civile.

« Il ne faut pas se payer de mots ! C'est très bien qu'il y ait des Français jaunes, des Français noirs, des Français bruns. Ils montrent que la France est ouverte à toutes les races et qu'elle a une vocation universelle. Mais à condition qu'ils restent une petite minorité. Sinon, la France ne serait plus la France. Nous sommes quand même avant tout un peuple européen de race blanche, de culture grecque et latine et de religion chrétienne.

« Qu'on ne se raconte pas d'histoires ! Les musulmans, vous êtes allé les voir ? Vous les avez regardés, avec leurs turbans et leurs djellabas ? Vous voyez bien que ce ne sont pas des Français ! Ceux qui prônent l'intégration ont une cervelle de colibri. Essayez d'agréger de l'huile et du vinaigre. Agitez la bouteille. Au bout d'un moment, ils se sépareront de nouveau. Les Français sont des Français, les Arabes sont des Arabes. Vous croyez que le corps français peut absorber dix millions de musulmans, qui demain seront vingt millions et après-demain quarante ? [...] On peut intégrer des individus ; et encore, dans une certaine mesure seulement. On n'intègre pas des peuples, avec leur passé, leurs traditions, leurs souvenirs communs de batailles gagnées ou perdues, leurs héros [...]. »

Nous sommes en 1960. De Gaulle dévoile à Alain Peyreffitte. les motifs profonds de l'indépendance de l'Algérie. Ce texte vaudrait aujourd'hui à son auteur un procès médiatique et juridique en « racisme ». Il nous laisse sidéré. L'homme qui prophétisait : « La Russie boira l'URSS comme le buvard l'encre », ou encore « Les empires s'écrouleront les uns après les autres. Les plus malins sont ceux qui s'y prendront le plus vite. » Cette Cassandre à képi aurait-il encore une fois tragiquement raison ? Intégrons-nous encore aujourd'hui des individus ? Les Arabes et les Français se sépareront-ils comme l'huile et le vinaigre, après qu'on aura tenté de les mélanger ? Qu'est-ce que l'identité française, à l'ère du grand métissage ? Comment concilier l'universalisme français et l'identité ethnico-culturelle qui a façonné notre pays, son génie, sa culture, son art de vivre ?

La population musulmane en France double actuellement tous les quinze ans. À ce rythme-là, il y aura, selon les calculs de Jean-Paul Gourévitch, plus de 40 millions de résidents musulmans au milieu du XXIe siècle, soit la moitié de la population française de l'époque.

La décision gaullienne d'accorder l'indépendance à l'Algérie aura seulement retardé l'« échéance » de quelques décennies. A-t-il eu raison ou tort ? Était-il raciste, comme l'affirment encore aujourd'hui certains nostalgiques de l'Algérie française mais aussi des Repentants pourchassant inlassablement la « République coloniale » ? A-t-il renoncé pour ces mauvaises raisons à l'Algérie, ses richesses minières, mais aussi géostratégiques et démo-

graphiques ? Le mythe des « cent millions de Français
interchangeables » dont de Gaulle se moquait nous
poursuivrait-il malgré nous, comme un fantasme inconscient et persistant, au-delà de la décolonisation ?

Nous aurions une fois encore avec l'Algérie en particulier – et l'Afrique en général – troqué les territoires
contre la population, vieille histoire qui, on l'a vu, remonte
à l'après-Waterloo. Notre démographie jusque-là sûre
d'elle-même et dominatrice s'effondre en même temps
que notre règne géopolitique en Europe. L'immigration
se substitue alors aux enfants que nous ne faisons plus ;
plutôt que l'extension géographique désormais interdite
par le rapport des forces militaro-politiques, nous adop-
tons chez nous les hommes dont nous ne pouvons plus
conquérir les territoires. Nos premiers immigrants furent
belges et italiens, nos peuples « frères » de la Gaule
romaine, les seuls qui ne s'étaient jamais révoltés contre
la Grande Armée. Puis vinrent les Espagnols, non pas
ceux qui nous avaient rejetés avec le plus de violence au
nom de la religion, mais les « *afrancescados* », les anti-
cléricaux, les Catalans, devenus un siècle plus tard les
républicains les plus farouches de la guerre civile. Enfin
arrivèrent les Polonais, les derniers alliés fidèles du
Grand Empire de 1810. Nous avons reconstitué à l'intérieur d'un hexagone idéalisé, forme géographique de
hasard et de dépit, la diversité glorieuse de notre ancien
empire napoléonien. Ayant dû renoncer à envahir nos
voisins, nous avons accepté d'être envahis par les
autres, pour conserver notre rang. Parce que nous ne
pouvions plus franciser des territoires, nous francisions
des populations. Comme d'habitude à la romaine, par

la citoyenneté, l'égalité politique et juridique, la langue, la culture.

Tout indique que nous avons recommencé cette histoire avec notre ultime empire colonial. Sous la pression du FLN au pouvoir, le général de Gaulle lui-même rétablit deux ans seulement après l'indépendance, les « privilèges » anciens des habitants de l'Algérie française : droit de s'installer librement en France et d'y jouir de tous les droits des citoyens français à l'exception des droits politiques ; droit de faire reconnaître quand ils le veulent leur nationalité française. 400 000 Algériens vinrent s'installer dans l'ancienne métropole coloniale entre 1962 et 1972. En rejoignirent d'autres déjà arrivés dans les années 1950. Pendant cette guerre qu'on appelait alors « pacification », les autorités françaises avaient en effet contraint des patrons rétifs à embaucher une main-d'œuvre essentiellement kabyle afin d'alléger une pression démographique qui risquait de faire exploser la marmite sociale algérienne. Bientôt, de Gaulle ouvrit aussi les vannes de l'immigration africaine. La France des cent millions d'habitants qu'il brocardait ne le hantait-il pas lui aussi ?

Plus profondément, le Général crut-il recommencer lui aussi la même histoire, et maîtriser les équilibres subtils entre immigration et assimilation ? Illusion démasquée par son successeur Georges Pompidou lançant à son ministre de l'Intérieur, Raymond Marcellin, inquiet : « C'est l'affaire du patronat ». De Gaulle avait abandonné ces territoires coloniaux pour des motifs économiques et financiers : « Puisqu'on ne peut pas leur donner l'égalité, qu'on leur donne la liberté, *bye-bye*, vous nous coûtez trop cher. » La France reçut ensuite des millions d'immigrés venus de ces contrées pour d'autres raisons économiques surtout, mais aussi humanitaires, démographiques ou géostratégiques, le même entrelacs de motivations qui avaient déjà animé les classes dirigeantes romaines face à leur « barbares ».

Quarante ans plus tard, c'est une fois encore la « romanisation » qui s'essouffle, l'assimilation qui n'est plus de saison, la « francisation », comme disait le général de Gaulle, qui reste en panne. Le double paradoxe français est de retour : seul pays européen à accroître sa population tandis que celle de ses voisins amorce sa décrue, la France retrouve sa domination démographique sur le continent au moment où la nation, à force de concentrations ethniques et de diversité multiculturelle, risque de redevenir cet « agrégat institué de peuples désunis » que décrivait Mirabeau à la veille de la Révolution française. France, pays des discordes jusqu'aux guerres civiles ; pays couturé de jonctions, de frontières, où se sont déroulés des siècles de luttes, à peine entrecoupés par des intermèdes d'ordre, de paix et de gloire. Notre erreur fut sans doute de croire que la paix depuis quarante ans était l'état normal alors qu'elle était une exception. Étonnante constance française...

Table

Du même auteur :

PETIT FRÈRE, Paris, Denoël, 2008.
LE PREMIER SEXE, Paris, Denoël, 2006.
L'AUTRE, Paris, Balland/Denoël, 2004.
L'HOMME QUI NE S'AIMAIT PAS, Paris, Balland, 2002.
LES RATS DE GARDE (avec Patrick Poivre d'Arvor), Paris, Stock, 2000.
LE DANDY ROUGE, Paris, Plon, 1999.
LE LIVRE NOIR DE LA DROITE, Paris, Grasset, 1998.
LE COUP D'ÉTAT DES JUGES, Paris, Grasset, 1997.
BALLADUR, IMMOBILE À GRANDS PAS, Paris, Grasset, 1995.

Composition réalisée par NORD COMPO

Achevé d'imprimer en janvier 2011 en Espagne par
BLACKPRINT CPI IBERICA S.L.
Sant Andreu de la barca
Dépôt légal 1re publication : novembre 2010
Édition 02: janvier 2011
LIBRAIRIE GÉNÉRALE FRANÇAISE – 31, rue de Fleurus – 75278 Paris Cedex 06

31/5780/7